Las
100
principales
mujeres
de la
BIBLIA

Las
100
principales
mujeres
de la
BIBLIA

≋CASA PROMESA
Una división de Barbour Publishing, Inc.

©2010 por Casa Promesa

Impreso ISBN 978-1-68322-230-9

Ediciones eBook:
Edición Adobe Digital (.epub) 978-1-62836-161-2
Edición Kindle y MobiPocket (.prc) 978-1-62836-162-9

Título en inglés: *The Top 100 Women of the Bible*

©2007 por Barbour Publishing, Inc.

A menos que se indique lo contrario, todos los textos bíblicos han sido tomados de la Nueva Versión Internacional® NVI®. © 1999 por la Sociedad Bíblica Internacional. Usada con permiso.

Desarrollo editorial: *Semantics*, PO. Box 290186, Nashville, TN 37229
Semantics01@comcast.net

Publicado por Casa Promesa, P. O. Box 719, Uhrichsville, Ohio 44683, www.barbourbooks.com.

Nuestra misión es publicar y distribuir productos inspiradores que ofrezcan valor excepcional y motivación bíblica al público.

 Member of the
Evangelical Christian
Publishers Association

Impreso en Estados Unidos de América

ÍNDICE

Introducción 9
Abigaíl.. 10
Abijaíl 13
Abías 14
Abisag 15
Acsa... 17
Ada 18
Ajinoán 19
Ana 21
Atalía.. 23
Betsabé.. 25
Bilhá 28
Candace 29
Cloé 30
Cozbí 31
Dámaris 32
La hija del faraón.. 34
Débora, la nodriza de Rebeca 36
Débora, la profetisa 37
Dalila 40
Diana 43
Dina.. 44
Dorcas... 46
Drusila 47
Elisabet.. 48
Elisabet.. 49
Ester... 51

Eunice 54
Evodia 55
Eva 56
Gómer 59
Agar 61
Ana 63
Hepsiba 66
Herodías 67
Huldá 68
Jael 69
La hija de Jairo 71
Jemima 73
La hija de Jefté 74
Jezabel 75
Juana 79
La esposa de Job 80
Jocabed 82
Judit 84
Julia 85
Cetura 86
Lea 87
Loida 90
Lorrujama 91
La esposa de Lot 92
Lidia 94
Majlá 95
Marta 96
María Magdalena 99
María de Betania 102

María, la madre de Jesús 105
Mical 108
Miriam 111
Una madre recompensada por Salomón 114
La criada de Naamán 115
Noemí 117
La esposa de Noé 120
Orfa 122
Penina 124
Pérsida 126
La suegra de Pedro 127
Febe 128
La esposa de Pilato 129
La esposa de Potifar 130
Priscila 132
La mujer de proverbios 31 134
La reina de Sabá 135
Raquel 136
Rajab 139
Rebeca 142
Rode 145
Rut 146
Salomé, la madre de Jacobo y de Juan 149
Salomé, la bailarina 150
La madre de Sansón 152
Safira 154
Sara 156
Sifrá 159
La mujer sunamita 160

Síntique.. 162

La mujer sirofenicia.. 163

Tamar, la nuera de Judá...................................... 164

Tamar, la hija de David 166

Trifena.. 167

Vasti 168

La viuda de Sarepta 170

La viuda que dio dos monedas............................. 172

La adivina de Endor 174

La mujer acusada de adulterio 176

La mujer del pozo... 179

La mujer de Tecoa 182

La mujer que ungió los pies de Jesús................... 183

La mujer que tocó el manto de Jesús................... 186

Zilpá 188

Séfora 190

INTRODUCCIÓN

Lee algunos comentarios de la Biblia y puede que veas solamente pequeñas referencias a acontecimientos que implican a mujeres. Pero las profetisas, esposas, hermanas y madres de la Biblia son fuertes, activas, y con frecuencia poderosamente fieles. Aquellas personas marcaron una diferencia en el mundo, y sin ellas, nuestra fe sería mucho más pequeña, y también el documento bíblico.

Lee las Escrituras, y encontrarás a mujeres retratadas en la política y en el hogar, en el templo y en el lugar de trabajo. Ningún rincón de la actividad humana queda sin ser cubierto por la Palabra. Y en ningún lugar Dios denigra a las mujeres su importancia para la difusión del evangelio. Además, las mujeres son honradas y bendecidas por su fidelidad a Dios.

En este libro, *Las 100 Principales Mujeres de la Biblia*, encontrarás a mujeres de todo tipo. Algunas son fuertes y llenas de fe, y otras son débiles o malvadas. Unas cuantas ocupan puestos de importancia en el mundo, mientras que otras —sencillas campesinas, en realidad— han cambiado el mundo aún más que sus hermanas aparentemente más poderosas. En estas historias admirarás la fe de una mujer, mientras te preguntarás qué estaba pensando otra de ellas en el camino que siguió. Pero cada mujer nos inspira, nos advierte o nos lidera. Y su ejemplo puede alejarnos del pecado o acercarnos más a Dios.

A medida que leas, extrae cosas de las vidas de esas mujeres. Aprende de ellas cómo vivir fielmente en un mundo caído. Y cuando leas los pasajes que las describen, deléitate también en la Biblia que las trae hasta ti. Porque ahí, delante de tus ojos y situado en tus manos para leerlo una y otra vez, está un documento de lo que significa ser un cristiano fiel.

Dios tiene un lugar especial en su corazón para las mujeres, como descubrirás de aquellas que llenan las páginas del Libro de Él.

ABIGAÍL

Se llamaba Nabal y pertenecía a la familia de Caleb.
Su esposa, Abigaíl, era una mujer bella e inteligente;
Nabal, por el contrario,
era insolente y de mala conducta.

1 SAMUEL 25:3

Aquí está una de las parejas más dispares de la Biblia. Ya que era la costumbre de la época concertar los matrimonios, Abigaíl probablemente se había casado con Nabal por su riqueza, no por ninguna afinidad de los corazones. Mientras que ella era una mujer fiel e inteligente, él no sólo se llamaba "Necio" (el significado de *Nabal*), sino que sus actos mostraban que lo era.

Aunque las mujeres de aquella época generalmente tenían mucho menos respeto y autoridad que los hombres, la Biblia habla muy bien de Abigaíl a la vez que sólo habla de la insolencia y la mala conducta de su esposo. Los dos eran, sin duda, espiritualmente incompatibles. Mientras que Abigaíl tenía fe, su esposo no tenía tiempo para Dios; sin duda, sus actitudes y sus actos no eran los de un creyente fiel. A pesar de eso, aunque la suya no podía haber sido una relación fácil, el resentimiento no aplastó el espíritu de Abigaíl. Por el contrario, ella utilizó sus muchos talentos y virtudes personales para aportar lo mejor a su hogar.

En la época festiva del esquile de las ovejas, el insolente y codicioso Nabal ofendió al rey David intencionadamente. Reconociendo el peligro, uno de los sirvientes del rico propietario supo a quién acudir: le informó de la situación a la sabia esposa de Nabal. Inmediatamente, Abigaíl entendió la necedad de rechazar una educada petición de apoyo por parte del desplazado David. Aunque el recién ungido rey estaba luchando contra Saúl por el trono, sus guerreros habían protegido los campos de Nabal y claramente se merecían alguna recompensa. Alimento para su grupo de hombres no parecía una petición irrazonable. Nabal tenía mucho, y la costumbre común de la época habría demandado que él compartiese con aquellos que le habían protegido a él y a su casa de sufrir daño.

En lugar de desperdiciar tiempo discutiendo con su esposo, Abigaíl preparó alimentos para los hombres de David y partió para acudir ante su líder para establecer la paz. Ella se montó sin dilación en su burro. De camino al campamento de David, se encontró con el guerrero-rey y sus hombres, que iban en dirección a ella con la intención de ejercer castigo.

Abigaíl sabía que la actitud de su esposo había puesto en riesgo todo lo que tenía y la había situado a ella en una difícil posición; sin embargo, su dependencia no estaba en su cónyuge, sino en Dios. Entendiendo que David estaba haciendo la obra de Dios y requería su apoyo, ella se lo dio. Esa sencilla intervención y sus humildes palabras y actitud delante del ungido de Israel y a la vez rey fugitivo evitaron un derramamiento de sangre innecesario.

David inmediatamente agradeció la fe y las buenas cualidades de Abigaíl, y alabó a Dios por su rápida intervención. Si Nabal no sabía cómo reconocer el valor de su esposa, el rey sí sabía. Él apartó su ira debido a la generosa respuesta de esta mujer.

Mientras Abigaíl llevaba a cabo un plan de paz, su esposo estaba de fiesta. Ella regresó y lo encontró borracho, así que fue el día siguiente cuando le explicó cómo había pasado ella el día. Al oír lo que su esposa había hecho, el bruto Nabal literalmente tuvo un arranque de ira; quizá experimentando un derrame cerebral. Unos días después, murió.

David vio la muerte de Nabal como la justicia de Dios, y de inmediato pidió la mano de Abigaíl en matrimonio. En un momento, la fiel Abigaíl pasó de ser la esposa de un necio a ser la novia de un rey.

En Abigaíl vemos muchos ejemplos de fidelidad. Cuando las relaciones difíciles se convierten en parte de nuestras vidas, podemos seguir el ejemplo de ella. ¿Abrumarán nuestra fe la amargura y el resentimiento? ¿O, al igual que ella, podemos confiar en que Dios hará uso incluso de nuestras situaciones más difíciles? ¿Hacemos el bien que nos sale al encuentro, sabiendo que la sabiduría de Dios traerá beneficios para nosotros y para otros?

Aunque estaba emparejada a un cónyuge inconverso, Abigaíl permaneció fiel a su Señor. Al igual que ella, ¿nos resistimos a permitir que relaciones insatisfactorias nos detengan en nuestra fe y sigamos confiando en nuestro Dios?

La humildad vestía la fuerza de Abigaíl. Sin ser una mujer radical y enojada, ella preparó el camino para que todas las mujeres de fortaleza caminen humildemente delante de su Dios y establezcan paz en las relaciones rotas. Solamente Dios trae tranquilidad a vidas quebrantadas. Abigaíl experimentó eso, y nosotras también podemos hacerlo. Y, al igual que Abigaíl, puede que descubramos que cuando hemos pasado por los problemas, Dios nos da una vida mejor de la que nunca esperábamos.

ABIJAÍL

Roboán se casó con Majalat hija de Jerimot,
el hijo de David y de Abijaíl,
hija de Eliab y nieta de Isaí.
2 CRÓNICAS 11:18

Abijaíl, cuyo nombre significa "padre es fortaleza", era la hija del primer hijo de Isaí, Eliab, que significa "Dios es padre". Ella sin duda tenía un linaje impresionante, ya que su tío David y su hijo Salomón llegaron a ser los reyes más grandes de Israel. Y Abijaíl se casó con uno de los hijos de David, posiblemente por una concubina.

La hija de Abijaíl, Majalat, se casó con un rey: Roboán. Pero el corazón de su madre debió de haberse entristecido al observar el reino hacerse pedazos en las manos de su yerno. Sin duda, Majalat también sufrió como su esposa, pues Roboán tenía dieciocho esposas y sesenta concubinas. No podía haber sido un matrimonio satisfactorio.

Abijaíl demuestra que hasta el trasfondo de una "familia importante" no puede garantizar una vida libre de problemas. La Biblia no describe sus tristezas, pero fácilmente podemos leer entre líneas y entender que el linaje no lo es todo.

En la actualidad, sigue sin importar si uno proviene de una familia de gran estatura o de una muy humilde; los problemas llegarán. Solamente Dios, el Padre más fuerte, puede proteger a sus hijos y sacarlos de cada tormenta. Él es lo bastante poderoso para ayudarnos a soportar cada problema en la vida y sacarnos al otro lado con seguridad.

ABÍAS

Ezequías tenía veinticinco años
cuando ascendió al trono,
y reinó en Jerusalén veintinueve años.
Su madre era Abías hija de Zacarías.
1 CRÓNICAS 29:1

No hay muchas referencias a Abías en la Escritura, pero una muy importante elogia a su hijo, el rey de Judá: "Ezequías puso su confianza en el Señor, Dios de Israel. No hubo otro como él entre todos los reyes de Judá, ni antes ni después"

(2 Reyes 18:5). El esposo de Abías, Acaz, sin duda nunca influenció a su hijo para que confiase en Dios, porque él adoró cada vez más a ídolos paganos y hasta cerró el templo de Jerusalén. Si el padre o la madre de Ezequías influenciaron positivamente su fe, habría sido Abías.

Sin importar lo que un niño haya experimentado, un padre fiel puede ejercer una poderosa influencia para Dios. Mientras que su esposo se entregaba a dioses paganos, la tranquila fe de Abías puede que haya llevado a su hijo al Señor. No es diferente en la actualidad. Dios sigue levantando a los hijos de madres fieles. La infidelidad de un padre puede convertirse en una clara advertencia y un triste contraste con la fe de una madre.

A pesar de qué desafíos afronte una madre, Padre Dios siempre está con ella, si ella confía en Él y ora fielmente por su hijo. Aunque un padre humano pueda fallar, nuestro Señor nunca fallará.

ABISAG

*Así que fueron por todo Israel en busca
de una muchacha hermosa, y
encontraron a una sunamita
llamada Abisag y se la llevaron al rey.*
1 REYES 1:3

Abisag tenía una tarea poco usual: dar calor al viejo y enfermo rey David. Y no sólo cubriéndolo con mantas; se esperaba que la hermosa Abisag se metiera en la cama con el rey. Los sirvientes de David le dijeron: "Que atienda a Su Majestad y lo cuide, y se acueste a su lado para darle calor" (1 Reyes 1:2). Eso es exactamente lo que sucedió, a medida que Abisag "ministraba" a David de manera no sexual.

No tenemos registro bíblico de los sentimientos de Abisag hacia su tarea. Quizá a ella le agradase haber sido elegida como quien daba calor personalmente al gran rey. Quizá le resultase desagradable estar acostada en la cama con un moribundo viejo de setenta años. Posiblemente, sus sentimientos cambiasen de día en día.

Nuestros sentimientos hacia nuestras propias responsabilidades —en el hogar, en la iglesia, en la oficina, en cualquier otro lugar— pueden variar mucho. Pero cualquier cosa que hayamos sido llamadas a hacer, deberíamos hacerla con lo mejor de nuestra capacidad. Como escribió el apóstol Pablo a la iglesia en Corinto: "Ahora bien, a los que reciben un encargo se les exige que demuestren ser dignos de confianza" (1 Corintios 4:2).

Sea un trabajo de ensueño o una pesadilla, debes saber que Dios te ha llamado a este particular momento y lugar. Haz lo mejor; y si es apropiado, ora por la oportunidad de cambiar.

ACSA

Entonces Caleb dijo: «A quien derrote
a Quiriat Séfer y la conquiste,
yo le daré por esposa a mi hija Acsa».
Y fue Otoniel hijo de Quenaz,
hermano menor de Caleb,
quien la conquistó; así que Caleb le
dio por esposa a su hija Acsa.
JUECES 1:12-13

La declaración de Caleb nos parece extraña. ¿Cómo pudo él casi sortear a su hija al hombre que tuviera éxito en la batalla? Pero en Israel, una victoria en batalla podía pagar el precio de una esposa, el cual se debía al padre antes del matrimonio. Por tanto, quizá el hombre que realmente la quisiera, la conseguiría mediante su valentía.

Y el hombre que se ganase a Acsa habría sido una buena elección como esposo. Otoniel llegó a ser el primer juez importante de Israel, el líder que liberó a la nación de la sujeción a Cusán Risatayin, rey de Aram (ver Jueces 3:8-9).

Como parte de su dote, Acsa recibió tierra seca en el Neguev. Por eso le dijo a su esposo que pidiese a Caleb otro campo, uno que tuviera arroyos. Cuando Otoniel no lo hizo, Acsa se ocupó ella misma de eso y consiguió el terreno. Seguramente Caleb era un padre amoroso, siendo generoso con su hija.

¿Qué pensaba Acsa sobre este matrimonio? No lo sabemos. A veces se pedía a la novia su consentimiento, o quizá

Caleb lo consideró como una forma de darle el hombre que ella quería sin pedirle dinero a su hermano. De cualquier modo, ¡vaya método de encontrar un buen hombre! Ninguna mujer en la actualidad pensaría en eso.

Al igual que Acsa, puede que encontremos romance en lugares inesperados. Recordemos dejar que Dios sea quien escoja por nosotras; y sin importar cuál sea el momento o la situación, seremos bendecidas. Después de todo, mira el esposo que consiguió Acsa.

ADA

Lamec tuvo dos mujeres.
Una de ellas se llamaba Ada, y la otra Zila.
GÉNESIS 4:19

Lamec, un hombre del linaje de Caín, se convirtió en el primer polígamo en la historia hebrea, casándose con Ada y también con Zila. Aunque podría haber parecido divertido para él, qué estragos causó en las vidas de las mujeres durante siglos. Porque aunque él fue el primero en hacerlo, no fue el último hebreo que pensaba que tener más esposas era mejor. De su ejemplo provino una larga historia de confusión matrimonial, conflicto, y desobediencia a Dios.

La Biblia describe a los hijos de Ada y de Zila, pero no nos dice cómo se llevaban sus madres. Sin embargo, si la historia familiar hebrea es algún ejemplo, probablemente no llevasen una vida tranquila. Porque Dios a propósito ordenó que un hombre debería casarse con una sola mujer (ver Génesis 2:23-24). Quienes desobedecen a Dios pagan un precio, así que la armonía matrimonial probablemente no fuese parte de esta tienda.

La rebelión de Lamec no se limitó al matrimonio. Él se vengó matando a un hombre que le hirió. Al igual que Caín, se sobrepasó y no buscó el consejo de Dios.

De la historia de Ada aprendemos la importancia de seguir las leyes de Dios. ¿Cómo debió de haber sido vivir con ese hombre iracundo? ¿Y cómo podía Ada compartir a su esposo con Zila, y aun así entender el completo compromiso de Dios con aquellos que le aman?

Este rápido retrato de la vida de Ada nos enseña a dejar que Dios controle nuestras elecciones en cuanto al matrimonio. En Él, experimentaremos la relación cálida y amorosa que esperamos. Aparte de Él, puede que sólo sintamos dolor.

AJINOÁN

Abigaíl…se fue con los mensajeros de
David. Después se casó con él.
David también se había casado con Ajinoán de
Jezrel, así que ambas fueron sus esposas.

1 SAMUEL 25:42-43

Casi cada vez que la Biblia menciona a Ajinoán, la otra esposa de David, también aparece Abigaíl. Aunque Ajinoán se casó antes con David, la rica Abigaíl parece hacerle sombra.

Ajinoán ni siquiera provenía de una ciudad impresionante, ya que Jezreel era sólo una ciudad en las colinas de Judá. Ya que su nombre significa "misericordiosa", quizá Ajinoán nunca causó problemas; pero tuvo que haberse sentido menospreciada.

Con David y Abigaíl, ella viajó para encontrar protección entre los filisteos, para que Saúl no pudiera destruir a su esposo. Mientras David fue a la guerra en el bando del rey filisteo Aquis, los amalecitas asaltaron su casa en Siclag, capturando a Ajinoán y Abigaíl. David regresó enseguida para rescatar a las mujeres. Qué momento tan gozoso debió de haber sido para Ajinoán ver a su esposo y sus tropas, pues de otro modo ella se habría convertido en una esclava.

Después de que muriera Saúl, David se convirtió en rey de Judá, y Ajinoán dio a luz a su hijo Amnón. Amnón creció y deshonró a su media hermana Tamar, pero Ajinoán puede que nunca haya sabido eso; ya que no se le menciona en la historia, puede que ya no siguiera viva.

Ajinoán tiene sólo una pequeña parte en la historia bíblica, aunque fue la esposa de un rey. Puede que ella fuese tranquila y fiel, con menos publicidad que las otras esposas de David. Al igual que Ajinoán, ¿podemos nosotras ocupar un segundo plano? ¿O nos volveríamos resentidas, necesitando toda la atención para estar satisfechas?

ANA

Había también una profetisa, Ana, hija de Penuel,
de la tribu de Aser. Era muy anciana; casada de joven,
había vivido con su esposo siete años,
y luego permaneció viuda hasta la
edad de ochenta y cuatro.
Nunca salía del templo, sino que
día y noche adoraba a Dios
con ayunos y oraciones.
Llegando en ese mismo momento,
Ana dio gracias a Dios y comenzó a hablar
del niño a todos los que esperaban
la redención de Jerusalén.
LUCAS 2:36-38

Eso es todo lo que sabemos de Ana; acabas de leer todo el relato que la Biblia hace de ella. Pero es suficiente para dar un pequeño esbozo de su carácter y devoción a Dios.

Su nombre significa "misericordiosa", y parece que la gracia permeaba su vida. Ella se casó, pero después de que su esposo muriese dedicó el resto de su vida a Dios. El suyo fue un servicio de muchos años; a la edad de ochenta y cuatro años, esta viuda seguía estando constantemente en el templo. Puede que haya vivido dentro de los límites del templo, o quizá viviera cerca y sencillamente pasaba la mayoría de su tiempo "en la iglesia". Ciertamente, sus compatriotas judíos la habrían honrado por permanecer soltera y dedicar su vida en devoción a su Señor.

Como profetisa, Ana tenía una posición de honor. Claramente, Dios le hablaba mientras ella permanecía en el templo, adorando, ayunando y orando. ¿Es sorprendente que cuando el Mesías entró por primera vez en el templo, ella se acercase a Él y a sus padres? Sin duda, Dios le guió allí, para ser bendecida por haber visto a Aquel que ella tanto había esperado. Al reconocer inmediatamente a Jesús, ella dio gracias a su Padre celestial y difundió la noticia a otros.

Al igual que Ana, ¿necesitamos quedarnos solteras y vivir en la iglesia? No lo creo. Pero estemos casadas o solteras, necesitamos preguntarnos si compartimos su sincera devoción a Dios. ¿Están nuestros espíritus tan sintonizados con la voz de Él que oímos y obedecemos su llamado en nuestras vidas? Cuando su Espíritu nos susurra, ¿es esa tranquila y suave voz ahogada por las preocupaciones del mundo, o estamos tan sintonizadas a Él que podemos obedecer al momento siguiente?

Cuando compartamos la capacidad de obedecer de Ana, descubriremos lo misericordioso que Dios ha sido con nosotras. Sus bendiciones espirituales se derramarán en nuestras vidas y también en las de otros.

ATALÍA

Cuando Atalía madre de Ocozías vio
que su hijo había muerto, tomó medidas
para eliminar a toda la familia real de Judá.
2 CRÓNICAS 22:10

Atalía, hija del malvado rey de Israel, Acab, es una de las
malas de la Biblia. En lugar de ser una madre piadosa, la
Escritura nos dice que ella alentaba a su hijo Ocozías a que
hiciese el mal (ver 2 Crónicas 22:3). Después de convertirse
en rey de Judá, Ocozías se unió a su tío Joram, rey de Israel,
en una batalla contra Azael, rey de Arán. Después de la batalla, el guerrero Jehú, que ya había matado a muchos de los
herederos de Ocozías, borró también al rey de Judá.

Cuando Atalía se enteró de la noticia, inmediatamente
procuró matar a todos sus nietos a fin de poder obtener ella
el trono. Cuando hizo eso, su demanda razonablemente no se
disputó. Esta mujer hambrienta de poder literalmente sacrifi-
có a su familia sobre el altar de su propia ambición.

Si hubiera tenido éxito, la línea del Mesías habría quedado
destruida; por tanto, Dios puso a una mujer fiel, Josaba, cerca
del hijo de Ocozías, Joás. Esta medio hermana del rey muerto
salvó a su sobrino y a su nodriza, ocultándolos en un dormi-
torio. Durante seis años, el niño rey permaneció oculto en el
templo mientras su abuela gobernaba (ver 2 Reyes 11:2-4).

En el año séptimo del gobierno de Atalía, el sacerdote
Joyadá presentó a Joás a los comandantes israelitas. Ellos

hicieron pacto con Joás y le protegieron mientras Joyadá le ungió como rey. Al oír el ruido de la coronación de su nieto, Atalía gritó: "¡Traición!", pero las tropas ignoraron sus objeciones y obedecieron al sacerdote. Sacándola del templo, le quitaron la vida en la Puerta de la Caballería de Jerusalén.

Los actos de Atalía son sorprendentes. Pocas de nosotras sacrificaríamos a nuestros hijos o nietos para conseguir poder. Pero a veces nuestra acelerada existencia en el siglo XXI nos hace defraudar a nuestra familia en tiempo y atención. Si nuestros empleos siempre están en primer lugar, si viajamos incesantemente, o si demasiadas veces dejamos a nuestros hijos en manos de otras personas, quizá hayamos comenzado a cometer el mismo error que cometió esta malvada reina. No tenemos por qué servir a un dios pagano ni querer gobernar una nación a fin de que nuestras prioridades se mezclen mal.

Si fallamos, no somos malas mujeres según el molde de una Atalía; pero sí necesitamos arrepentirnos, confesar nuestro error, y encontrar una manera de hacer cambios. Quizá eso signifique reorganizar nuestro tiempo, rechazar un ascenso, o tener un empleo a tiempo parcial. Sea lo que sea lo que tengamos que hacer, no sacrifiquemos a nuestra familia por avanzar. Porque, al final, no habremos avanzado nada; ni con nuestros seres queridos ni con el Dios a quien servimos.

BETSABÉ

Una tarde, al levantarse David de la cama,
comenzó a pasearse por la azotea del palacio,
y desde allí vio a una mujer que se estaba bañando.
La mujer era sumamente hermosa,
por lo que David mandó que averiguaran quién era,
y le informaron: «Se trata de Betsabé,
que es hija de Elián y esposa de Urías el hitita».

2 SAMUEL 11:2-3

Betsabé debió de haber sido un verdadero bombón; un rey fue incapaz de resistirse cuando la miró desde la azotea de su palacio. David envió mensajeros para que le llevasen a la esposa del hitita, y entonces David se acostó con ella.

La Escritura nunca parece preguntarse cómo se sintió Betsabé al respecto. ¿Se sintió ofendida al ser reclutada a la fuerza por un rey, o se sintió halagada de que el rey se hubiera fijado en ella? Cualquiera que fuese su respuesta, ella no tuvo ni voz ni voto en su situación.

Entonces, para horror de ella, Betsabé descubrió que estaba embarazada. En la ley judía, el castigo del adulterio era la muerte tanto para el hombre como para la mujer. El temor debió de haberse apoderado del corazón de esta belleza. Aun si ella pensaba en hacer creer que el hijo era de su esposo, Urías había estado lejos en la guerra, y sin duda sabría que el niño no era de él. Así que se lo dijo a David, y al rey se le ocurrió una solución. Llamó a Urías a regresar a Jerusalén, suponiendo que Betsabé lo seduciría para tener un interludio romántico, y el problema quedaría resuelto.

Pero el rey, que había caído en este pecado cuando debería haber estado en el campo de batalla, no contó con la rectitud de aquel extranjero que se había tomado a pecho la fe judía. Acudiendo ante el rey como se le había ordenado, Urías se negó hasta a cruzar por la puerta de su propia casa. Cuando otros estaban acampados, listos para la guerra, él no se acostaría con su esposa en Jerusalén. David le hizo emborracharse, pero aun así él no fue a su casa. Sin ver otra alternativa, y quizá sintiendo cada vez más culpabilidad por sus propios pecados, el rey cambió de planes, ordenando que Urías fuese situado en la primera línea de batalla y dejado sin defensa. El plan funcionó: Urías murió.

Betsabé perdió a su esposo con la connivencia de su amante. Quizá ella inicialmente sintiese alivio al salir de una situación muy difícil; pero si su esposo la trataba con ternura, como da a entender la acusación de Natán a David en 2 Samuel 12:3, ella debió al menos de haber sentido cierto conflicto emocional.

Cuando el breve periodo de luto de Betsabé terminó, David la convirtió en su esposa. Unos meses después, ella le dio un hijo. Aunque la Biblia nunca culpa a Betsabé del pecado entre ella misma y el rey, sí compartió la tristeza de él cuando Dios castigó a David llevándose la vida de su hijo. Pero Dios pronto la bendijo con otro hijo, Salomón, que fue amado por Dios y llegaría a ser uno de los más grandes reyes de Israel. Ella también tuvo otros tres hijos (ver 1 Crónicas 3:5).

Años después, Betsabé defendió el derecho de su hijo a

convertirse en rey de Israel, cuando su hermano mayor Adonías quiso usurpar el trono al anciano David (ver 1 Reyes 1:5-21). A petición de ella, David mantuvo su promesa de hacer rey a Salomón (ver versículo 29).

Aun así, Betsabé debió de haber sido más bondadosa que políticamente astuta, porque cuando Adonías pidió casarse con Abisag, que había sido quien cuidaba a David en su vejez, Betsabé defendió su caso ante Salomón. Salomón amaba profundamente a su madre, si es que el gran respeto con el que la trataba es señal de ello (ver 1 Reyes 2:19). Pero él vio inmediatamente que su hermano de nuevo estaba amenazando su trono, denegó la misión de ella, e hizo matar a su hermano.

La historia de Betsabé es la de una segunda oportunidad. Su vida fue puesta boca abajo por el deseo de un rey, y ella fue seducida a cometer pecado con él. Pero ella no se quedó ahí. Dios le dio otra oportunidad como esposa de David, y el resto del relato bíblico la muestra como una buena madre y esposa. Nadie la acusó de ningún otro pecado, y ella vivió sin tacha.

Cuando Dios nos da segundas oportunidades, podemos seguir los pasos de Betsabé. Mientras estemos vivas, estamos en una misión para Él. ¿Haremos que la nuestra sea tan exitosa como la de ella? Recuerda esto: Betsabé es una de sólo cuatro mujeres mencionadas en el linaje de Jesús (ver Mateo 1:6).

BILHÁ

También Raquel tenía una criada, llamada Bilhá,
y Labán se la dio para que la atendiera.

GÉNESIS 29:29

Si Bilhá hubiera sabido lo que significaría ese cambio en su vida, quizá habría salido corriendo hacia la dirección contraria. Porque servir a Raquel significaba algo más que atenderla y hacer sus recados. Cuando Raquel no tuvo hijos, decidió que su esposo, Jacob, siguiera una costumbre de la época y tomase a Bilhá como concubina. Según la costumbre, Raquel adoptaría a los hijos de Bilhá como propios. Pero en lugar de establecer una familia feliz, Raquel comenzó una competición con su hermana, Lea, la otra esposa de Jacob, quien le había dado cuatro hijos. Finalmente, su confrontación cargó a Jacob con doce hijos y un hogar lejos de ser pacífico, trastocado por dos esposas y dos concubinas: Bilhá y Zilpa. Aunque Dios usó a Bilhá para levantar a algunos de los hijos de Jacob, que más adelante se convertirían en líderes de las doce tribus de Israel, su papel no era totalmente agradable.

Dios estableció el matrimonio entre un hombre y una mujer (ver Génesis 2:24) para reflejar su pacto. Pasa por alto eso, y tu vida familiar, como la de Jacob, puede llegar a ser tan confusa como el argumento de una telenovela actual. Pero Dios bendice los matrimonios que reflejan el pacto de amor de Él. El amor fiel pone fin a las telenovelas y establece una familia firme que puede servir bien a Dios. ¿Describiría eso a tu familia? Si no es así, ¿qué puedes cambiar?

CANDACE

Felipe emprendió el viaje, y resulta que se encontró
con un etíope eunuco, alto funcionario encargado
de todo el tesoro de la Candace,
reina de los etíopes.
Éste había ido a Jerusalén para adorar.
HECHOS 8:27

En el primer siglo, contrariamente a la actualidad, *Candace* no era un nombre, sino un título. Pertenecía a la reina madre del gobernador de una zona que los griegos llamaban Meroe, alrededor de los límites superiores del río Nilo. El pueblo de esa nación sentía que el rey era tan santo que no era bueno para nada temporal, así que la Candace llevaba a cabo muchas de las responsabilidades terrenales de él. Como centro comercial, su país era muy próspero, así que su poderoso oficial a cargo del tesoro tenía la capacidad de viajar hasta la Ciudad Santa para adorar.

De ese viaje, él llevó de regreso más de lo que la Candace habría esperado: las nuevas del Mesías llegaron al corazón del etíope enseguida, y él aceptó a Cristo. Según la tradición, la mujer a la que él servía también aceptó a Cristo.

Nunca sabemos, cuando compartimos nuestra fe, qué

persona importante puede ser tocada por nuestras palabras. Aunque nuestros amigos puedan ser humildes, podemos tener contacto con un poderoso hombre o mujer que necesite llegar a la fe. Con un sólo testigo, como Felipe, la Palabra de Dios puede llegar a una persona de influencia. ¡Habla!

CLOÉ

Digo esto, hermanos míos, porque
algunos de la familia de Cloé
me han informado que hay rivalidades entre ustedes.
1 CORINTIOS 1:11

No sabemos realmente nada más sobre Cloé o su familia de lo que revela este versículo, pero ella probablemente fuese una mujer importante, ya que es nombrada como cabeza de su casa. Y sabemos mucho sobre su iglesia por las cartas de Pablo a los Corintios.

Cloé no pertenecía a una congregación perfecta; la división, y no la unidad, era la marca de la iglesia en Corinto. Todos querían escoger a un líder que seguir: Pablo, Apolos, Pedro (Cefas), o Cristo. Nadie parecía estar a cargo.

Obviamente, algún creyente fiel de la casa de Cloé, quizá hasta Cloé misma, estaba turbado por las peleas que dividían a la iglesia en Corinto. Llegó a Pablo palabra de que esos necios argumentos habían separado a los creyentes. Cuando él lo oyó, confrontó a los jóvenes cristianos corintios, incluso nombrando generalmente la fuente de su información. Debido a que Pablo recibió ese informe, pudo salvar a la iglesia de una implosión.

En caso de que llegáramos a encontrarnos en su situación, Cloé nos da un ejemplo. Nos preguntamos: ¿Hacemos caer unas palabras al oído del líder de una iglesia, o nos las guardamos? Dios nos proporciona la sabiduría para cada problema que afrontemos. Al hablar ahora, podríamos desactivar un grave problema más adelante.

COZBÍ

La madianita se llamaba Cozbí, y era hija de Zur,
jefe de una familia de Madián.
NÚMEROS 25:15

Su nombre significa "engañosa", y el engaño le había ayudado a seducir al líder israelita Zimri. Pero no parece que Zimri se detuviera de seguirla, y él no fue el único de su pueblo que cayó. Muchos siguieron a las mujeres moabitas y madianitas al pecado sexual mientras adoraban a sus ídolos.

La ira de Dios se encendió con fuerza contra su pueblo, y siguió la retribución. Él ordenó a Moisés que matase a los líderes y mostrase sus cuerpos a su pueblo. Mientras tanto, brotó una plaga entre los israelitas, quizá para darles un cuadro de la mortandad de su pecado.

En ese momento, delante de todos, Zimri condujo a

Cozbí, la hija de un jefe madianita, a una tienda, el tipo de lugar para prostitutas. Mientras el resto de Israel se arrepentía de sus pecados, Zimri marchaba al lado de toda la asamblea de Israel, preparado para continuar con su ofensa.

El nieto de Aarón, Finees, enseguida se ocupó del problema alanceando los cuerpos de la pareja, quitándoles la vida. Con las muertes de esta pareja desobediente obstinadamente, la plaga en Israel se detuvo, pero no antes de que murieran veinticuatro mil personas.

Cozbí nos muestra que el pecado no compensa. Dios puede que sea paciente con nosotros, pero no hace un guiño a la desobediencia. Si seguimos obstinadamente en pecado, al final causará un terrible juicio. Peor aún, nuestras ofensas pueden afectar a muchas vidas inocentes al igual que a la nuestra. ¿Estamos dispuestas a correr ese riesgo?

DÁMARIS

Algunas personas se unieron a Pablo y creyeron.
Entre ellos estaba Dionisio, miembro del Areópago,
también una mujer llamada Dámaris, y otros más.
HECHOS 17:34

Lucas menciona a algunos hombres que aceptaron a Cristo como su Salvador cuando oyeron el mensaje de Pablo en Atenas, y de repente deja caer el nombre de una mujer: Dámaris. Quizá, como Juan Crisóstomo, arzobispo de Constantinopla en el siglo IV, pensaba, ella era la esposa de Dionisio. Otros sugieren que ella era una mujer importante y con educación, quizá de otro país. Pero en una época en que las mujeres rara vez recibían mucha mención, ella debió de haber tenido cierta estatura para ser enumerada inmediatamente después de un miembro del consejo de gobierno de Atenas. Además, el que ella estuviera presente en la reunión en la que Pablo habló indicaría que tenía alguna importancia poco común.

La próxima vez que alguien te diga que las mujeres no son importantes en la Biblia, recuérdale a Dámaris, Priscila, y las mártires de los Evangelios. Puede que personas descarten a las mujeres como poco importantes, pero Dios nunca lo hace. Él las incluye en cada punto en su historia de redención.

También tú eres importante para Dios. Seas o no mencionada alguna vez en un libro o conocida en todo el mundo, Dios se interesa por ti. Su Hijo murió por ti, para atraerte a su lado. Nadie por quien Jesús murió es poco importante o queda olvidado.

LA HIJA DEL FARAÓN

En eso, la hija del faraón bajó a bañarse en el Nilo.
Sus doncellas, mientras tanto, se
paseaban por la orilla del río.
De pronto la hija del faraón vio la cesta entre los juncos,
y ordenó a una de sus esclavas que fuera por ella.
Cuando la hija del faraón abrió la cesta y vio allí dentro
un niño que lloraba, le tuvo compasión,
pero aclaró que se trataba de un niño hebreo.

ÉXODO 2:5-6

Ser importante no significa que todo el mundo te conozca. Aunque esta mujer era la hija del gobernador más poderoso de Egipto, la Biblia nunca registra su nombre ni tampoco el nombre de su padre. Lo único que sabemos de la hija del faraón es su posición y el hecho de que tuviera un espíritu bondadoso, porque cuando vio al bebé Moisés flotando en una cesta, su corazón se abrió a él. La mujer sabía que era uno de los hebreos a quienes faraón había ordenado matar; sin embargo, esta mujer desobedeció a su padre y con valentía salvó al bebé, quien irónicamente llegó a ser el profeta que Dios utilizó para liberar a los hebreos de las garras de Egipto.

Con el tiempo, la princesa adoptó a Moisés, abriendo puertas de educación y poder para el joven hebreo. Debido a la formación que él recibió en la corte de Egipto, probablemente estuviese en una mejor posición para gobernar sobre los rebeldes hebreos. Como hombre con educación, pudo escribir los cinco primeros libros de la Biblia para que todo el mundo los lea en todas las edades.

Aunque no sabemos si ella alguna vez llegó a la fe, la princesa desempeñó un importante papel en el plan de Dios. Sin ella, el diminuto bebé no habría tenido las ventajas que necesitaba. Pero Dios puso a la mujer correcta en el lugar correcto y en el momento correcto, y Él movió su corazón para ayudar al joven Moisés. Su nombre puede que haya desaparecido, pero su buena obra no.

Probablemente todas estemos familiarizadas con alguien que no conoce a Dios pero que hace muchas buenas obras. Un familiar inconverso puede ayudarnos y capacitarnos para cumplir la voluntad de Dios en nuestra vida. ¿Reconocemos que también eso viene de Dios? Dios puede utilizar a muchas personas diferentes para lograr su objetivo, pero Él no abusa de ellas. Él nunca las obliga a tener fe en Él.

Muchas hijas del faraón viven en medio de nosotras, siendo guiadas inconscientemente por su Creador a hacer su voluntad. Sin embargo, no tienen ninguna relación espiritual con Él. ¿Nos acercamos a ellas, esperando ayudarlas a entender el papel de Él en sus vidas? Podemos regocijarnos cuando también ellas lleguen a conocerlo a Él.

DÉBORA, LA NODRIZA DE REBECA

Por esos días murió Débora, la nodriza de Rebeca,
y la sepultaron a la sombra de la encina
que se encuentra cerca de Betel.
Por eso Jacob llamó a ese lugar Elón Bacut.
GÉNESIS 35:8

¿Sabías el nombre de la nodriza de Rebeca? Génesis 24:59 nos dice que ella acompañó a su señora a su nuevo hogar con Jacob, pero no menciona el nombre de la nodriza. Ahora, en la muerte de Débora, finalmente podemos poner un nombre junto a un puesto.

Débora pasó muchos años con su señora. Quizá Rebeca apreciaba la bondad de Débora cuando ella era pequeña. Rebeca habría seguido necesitando a su nodriza cuando creció, porque Génesis 29:29 hace obvio que la novia no tenía sirvienta. Durante un tiempo después del matrimonio de Rebeca no hubo hijos a quien cambiar en mitad de la noche, pero Débora ayudó a su señora a acomodarse a un nuevo estilo de vida. Cuando llegaron los hijos, Rebeca necesitaba desesperadamente a la nodriza, ya que tuvo gemelos. Débora siempre estuvo ahí para hacer saltar sobre sus rodillas a un niño que lloraba o para envolverlo en una manta.

Muchas de nosotras hemos recibido ayuda con nuestros hijos de una amiga, maestra, o joven. ¿Agradecemos el esfuerzo necesario para cuidar de un niño? Al igual que Débora, muchos ofrecen tierno cuidado a los niños que no son propios. ¿Será una desagradecida tarea, o una que recibe agradecimiento? Rebeca apreciaba a su nodriza: el nombre de la encina bajo la cual fue enterrada Débora se convirtió en Elón Bacut: "encina del llanto".

DÉBORA, LA PROFETISA

En aquel tiempo gobernaba a Israel una profetisa
llamada Débora, que era esposa de Lapidot.
Ella tenía su tribunal bajo la Palmera de Débora,
entre Ramá y Betel,
en la región montañosa de Efraín,
y los israelitas acudían a ella
para resolver sus disputas.

JUECES 4:4-5

Dios no se explica a sí mismo. De repente, en un periodo en que Israel se había vuelto infiel al Señor, la Escritura proclama la posición de Débora, la única mujer que gobernó Israel durante los años de los jueces: esa época entre la muerte de Josué y el ascenso de Saúl como rey. Débora no era sólo una juez secundaria; era una mujer con autoridad que decidía disputas entre hombres y ostentaba el poder común a todos los jueces de Israel. Tampoco ese era un liderazgo fácil para Débora. Israel había sido subyugado por el gobernador cananeo Jabín de Hazor; sin embargo, los israelitas nunca se enfrentaron a él con un ejército hasta que esta mujer estuvo a cargo.

Débora se convirtió en la respuesta a la oración por ayuda que su pueblo hizo a Dios cuando vieron que el comandante cananeo Sísara se dirigía en dirección a ellos seguido por novecientos carros.

Dios había escogido a un líder inusual en Débora, una mujer muy resuelta que también estaba muy cerca de Él. (Solamente lee su relación con su comandante militar, Barac, en Jueces 4:6-9, y verás que ella estaba acostumbrada a que se le obedeciera). Como profetisa, Débora oía y comunicaba la voluntad de Dios a su pueblo. Aunque ella no es la única profetisa en la Biblia, solamente ella gobernó Israel. No sólo eso, sino que condujo eficazmente a su país durante un periodo de guerra, cuando muchas personas podrían haber escogido a un hombre para esa tarea. Después de todo, ella no podía estar al mando de un ejército, ¿no? En cierto modo, ella mostró a quienes dudaban que sí podía hacerlo.

Dios le había dado su autoridad, y Débora obedeció su voluntad de manera implícita. Quizá hayas conocido a una mujer poderosa como ella. Un tipo de persona que lleva el mando, esta juez reunió a sus líderes y al pueblo contra los canaeos. Barac, escogido por Dios como el comandante militar del país, parece tímido y retraído comparado con la confiada profetisa. Dios le habló a ella, y ella le dijo a Barac todo lo que Él le había mandado. Débora no tomaba decisiones basándose en sus propios deseos, sino en la dirección de Dios para su pueblo. Y ella mostró una mayor fe que su comandante. Ella era probablemente del tipo de creyente que dice: "Dios lo dice, yo lo he oído, y eso lo zanja todo", porque no entendía por qué Barac se mostraba reacio a ir a la guerra cuando Dios le dijo que lo hiciera. Barac se negó de plano a ir a la batalla sin Débora. Eso puede que en parte estuviera alimentado por entender que seguirla a ella era seguir a Dios, pero la duda también desempeñó su papel. Debido a la vacilación de Barac, Dios ordenó que una mujer quitara la vida a Sísara.

Débora acompañó a las diez mil tropas que atacaron al ejército de Sísara y les dio la orden de entrar en batalla en el día escogido por Dios. Cuando Barac y sus hombres obedecieron, Dios hizo que los cananeos huyeran delante de ellos; pero ese no fue el momento más feliz de Barac. La profecía de Débora de la muerte de Sísara se cumplió cuando Jael, una mujer, mató a Sísara en su tienda, después de que todas las tropas cananeas hubieran sido destruidas.

Jueces 5 registra el maravilloso canto de Débora celebrando la victoria. Junto con Barac, ella dio el mérito a Dios. Por sus versos obtenemos un claro cuadro de lo triste que había sido la vida bajo los cananeos; ella se describió a sí misma como "una madre en Israel", pero también había sido en cierto sentido una madre *para* Israel, alentando, advirtiendo, y estableciendo el ritmo para toda una nación. Ella elogió a Jael por haber matado al enemigo con la estaca y el martillo. Por medio de Jael, Dios puso fin a la lucha y dio a Israel una victoria completa.

¿Necesitas un cuadro de una mujer confiada y poderosa que también era humilde y fiel? Mira a Débora. Ser una líder poco usual no la detuvo en seco, y tampoco tiene por qué detener a una mujer cristiana en la actualidad, pues puede ser una exitosa madre, líder y esposa si obedece a Dios cada día.

DALILA

*Pasado algún tiempo, Sansón se enamoró de una mujer
del valle de Sorec, que se llamaba Dalila.*

JUECES 16:4

Pronuncia su nombre, y la mayoría de los cristianos se forman una imagen inmediata de una mujer seductora y un deseo que fue mal.

El fuerte juez israelita Sansón se enamoró de aquella hermosa y deseable filistea. A pesar de lo sabio que debió de haber sido, Sansón tenía un defecto fatal: nunca escogía bien cuando se trataba de mujeres; aquellas tentadoras mujeres prohibidas por la Ley de Dios siempre parecían atraer su atención. Su matrimonio con una mujer filistea había acabado desastrosamente, y sin embargo ahí estaba él, poniéndose romántico con Dalila. Quizá pensase que estaba bien mientras no se casaran, pero debería haber leído su Ley con un poco más de atención.

En cuanto Sansón se enamoró de aquella muñeca mala, los gobernantes de su país pidieron a Dalila que hiciera un poco de espionaje para ellos. El israelita era tan fuerte que ellos no podían capturarlo, y tenían una serie de quejas contra él; así que pidieron a Dalila que descubriese qué hacía que su amante tuviera tanta fuerza. Una vez que tuvieran su secreto, los gobernantes planeaban convertirlo en un esclavo.

Quizá fuese el dinero lo que hizo que esta mala chica decidiera que podía pasar sin Sansón. Mil cien shekels de cada uno de los cinco gobernantes no era una cantidad pequeña de dinero en efectivo en aquella época. Dalila debió de haber decidido que lo único que ella necesitaba era dinero, no amor, y en su codicia traicionó por completo a Sansón.

Al mismo tiempo, uno tiene que preguntarse en qué estaría pensando Sansón. Quizá le gustaba jugar a juegos románticos, ¿pero no tuvo la menor sospecha cuando su amada le preguntaba cómo podía ser dominada su fuerza? ¿No se imaginaba que ella era filistea y que otros podrían estar incitándola? Él había tenido una experiencia muy parecida con su esposa, antes de que su matrimonio se destruyera, así que uno pensaría que él tenía que tener una vaga idea, especialmente cuando le dio a Dalila tres respuestas falsas. Uno se pregunta cuántas veces Dios tuvo que mostrarle a Sansón la misma lección para que la aprendiera.

Pero cuando Sansón debería haber dejado de coquetear con Dalila, siguió regresando, dándole a ella la oportunidad de molestarlo una y otra vez. Ella se quejaba: "Tú no me amas", y evidentemente, él no podía soportar verla infeliz. Finalmente, ella lo cansó, y él admitió que su voto como nazareo —y el largo cabello que era parte de ese voto— era lo que le daba su fuerza. Dijo que si le cortaban el cabello, sería tan débil como cualquier otro hombre.

Los filisteos se aprovecharon totalmente de esa información. Dalila hizo que Sansón se durmiera en su regazo, y un hombre entró para afeitarle la cabeza. Al despertarse, Sansón enseguida quedó indefenso, y los filisteos hicieron de él un esclavo ciego. ¡Pero esos vencedores temporales olvidaron que el cabello vuelve a crecer! Y creció.

En el interior de su templo, los gobernantes filisteos y una asamblea se habían reunido para alegrarse por la captura del hombre fuerte de Israel. En medio de su alegría, la multitud llamó a Sansón para que les divirtiese.

"En ese momento el templo estaba lleno de hombres y mujeres; todos los jefes de los filisteos estaban allí, y en la parte alta había unos tres mil hombres y mujeres que se divertían a costa de Sansón" (Jueces 16:27). Adornado con una nueva cabeza con cabello y empapado de una fuerza renovada, Sansón llegó ante ellos, oró por fuerza, empujó las columnas con toda su fuerza, y derribó el templo pagano, matando a todos los que allí estaban, él mismo incluido.

¿Quién sabe si Dalila también estaba allí con la multitud? Aunque ella no parecía ser religiosa, quizá había aprovechado esa oportunidad para alegrarse por la eficacia de sus capacidades sexuales.

Mira a Dalila, y tienes un claro cuadro de cómo *no* vivir. ¿Necesitas un ejemplo de dónde te llevará una vida libertina? Ella es la chica de cartel que lo muestra. El dolor que ella causó a alguien que la amaba fue tan profundo que a Sansón no le importó sacrificar su vida, si con eso podía destruir el templo pagano al que le habían llevado. Sansón había sido utilizado por una mujer inmoral que, evidentemente, no sentía ninguna culpabilidad por haberlo traicionado.

Dalila respalda la Palabra de Dios, la cual ordena un estilo de vida de fidelidad entre esposo y esposa. El romance no es un juego, sino un compromiso de por vida. Y cualquier actividad sexual fuera del matrimonio conduce al sufrimiento. Quizá el tuyo no llegará con tanta rapidez como el de

Sansón, y puede que no mueras, pero puedes contar con que se producirá dolor cuando no vives según el camino de Dios.

Pregúntale a Dalila; si es que puedes encontrarla debajo de todos esos escombros, claro.

DIANA

Y no solamente hay peligro de que este nuestro negocio venga a desacreditarse, sino también que el templo de la gran diosa Diana sea estimado en nada, y comience a ser destruida la majestad de aquella a quien venera toda Asia, y el mundo entero.
HECHOS 19:27, RV-60

Diana, también conocida como Artemisa de los efesios, no es, estrictamente hablando, una mujer. Era una diosa pagana de la fertilidad que metió en muchos problemas al apóstol Pablo y a sus discípulos. Cuando el ministerio de Pablo en Asia despegó, el artesano efesio, Demetrio el platero, vio como su pequeño negocio de crear ídolos de Diana se venía abajo. Así que convocó una reunión y consiguió el respaldo de sus compañeros plateros para emprender la acción.

Si ellos no actuaban, el magnífico templo de Diana sufriría, advirtió el platero. En la actualidad, ese templo es conocido como una de las siete maravillas del mundo antiguo. En la época de Demetrio, miles de peregrinos llenaban Éfeso para adorar allí, pero él sabía que no lo harían si los peregrinos se convertían en cristianos. Por tanto, Demetrio y sus compañeros de trabajo comenzaron una revuelta. Solamente la intervención del funcionario de la ciudad salvó a Pablo y a sus hombres, y Pablo sabiamente se trasladó a Macedonia.

Diana conducía a muchas personas a la idolatría y lejos del evangelio; pero su magnificencia y sus seguidores duraron solamente poco tiempo. Después de todo, nadie la adora en la actualidad. ¿Estás poniendo tu fe en algo que no perdurará, o en el Dios que creó el universo y que nunca te fallará? No sigas a una Diana, cuando puedes acercarte al Señor eterno.

DINA

Salió Dina la hija de Lea, la cual ésta había dado a luz
a Jacob, a ver a las hijas del país.
Génesis 34:1

En esta sencilla frase comienza uno de los acontecimientos más tristes del libro de Génesis. Dina, una muchacha joven e inconsciente, llega a un país nuevo y sale imprudentemente a buscar amistad con las mujeres paganas allí. De camino, es violada por Siquem, hijo de Hamor, el cananeo que era gobernador de la ciudad que comparte el nombre de su hijo. Más adelante, cuando Siquem decide con retraso casarse con Dina, él inconscientemente causa desastre a su pueblo.

Hamor, empujado por su hijo, se acerca a Jacob para concertar el matrimonio. Era práctica común de la época, y el desconsolado Jacob escucha. Pero antes de que tome una decisión, intervienen los furiosos hijos de Jacob. ¿Cómo pueden entregar a su hermana a un hombre inconverso? Sin duda, Jabob debió de haber luchado con esa idea, ya que su padre le había mandado que no se casase con una cananea; ¿pero qué podía hacer él que fuese beneficioso para su hija? Aunque Jacob no lo sabe, sus hijos plantean una malvada sugerencia: si los cananeos aceptan la circuncisión, los hijos de Jacob les dicen a Hamor y Siquem, ellos aceptarán el matrimonio. Pero había algo más oculto tras su oferta.

Hamor está de acuerdo, pero no porque hubiera tenido una repentina experiencia de conversión; estaba interesado en poner sus manos en la riqueza de Jacob, en el gran rebaño de ovejas que poseía. Pero el gobernador no ha contado con la ira de los hermanos. Los hermanos planean matar a los hombres de Siquem mientras aún están sufriendo dolor por la operación. Tres días después del rito de la circuncisión, Simeón y Leví, los hermanos de padre y madre de Dina, comienzan el ataque a la ciudad. Todos los hombres de Siquem son asesinados, y los israelitas saquean la ciudad. A fin de mantener segura a su familia, un enojado Jacob se lleva a su familia fuera de la zona.

La de Dina fue una doble tristeza: su violación y los precipitados actos de sus hermanos. La Escritura no nos da ninguna indicación sobre su vida después de este acontecimiento, pero seguramente cambió para siempre. La vida de Dina nos muestra que a veces incluso las decisiones simples y necias nos impactan poderosamente. Necesitamos tener cuidado de cómo andamos y con quién nos relacionamos.

DORCAS

Había entonces en Jope una discípula llamada Tabita,
que traducido quiere decir, Dorcas.
Esta abundaba en buenas obras
y en limosnas que hacía.

HECHOS 9:36

Esta fiel mujer vivía en la ciudad portuaria de Jope, fuera de
la actual ciudad de Tel Aviv. *Dorcas* era en realidad una tra-
ducción al griego de su nombre arameo, *Tabita*, que significa "gacela". La Escritura no nos dice si su cuerpo estaba en
consonancia con su nombre, pero sí dice que ella abundaba
en buenas obras hacia otros.

Mientras Pedro estaba visitando un lugar cercano, Dorcas murió. Sus compañeros cristianos la prepararon para el
entierro y enviaron un mensaje al apóstol, quien se apresuró
a ir hasta ellos. Los tristes creyentes le mostraron ejemplos de
la generosidad de Dorcas. Después de despejar la habitación,
el apóstol resucitó a Dorcas de la muerte. Qué día debió de
haber sido para Dorcas, para los otros cristianos, y hasta para
quienes oyeron sobre el milagro y llegaron a la fe en Cristo.

¿Testifican nuestras vidas con tanta claridad como lo hacía la de Dorcas? Al vivir, al morir, o al ser resucitada, ella glorificó a su Señor. Si nosotros muriéramos, ¿querrían nuestros
compañeros cristiano tenernos de regreso como un poderoso
testimonio cristiano?

DRUSILA

Algunos días después, viniendo
Félix con Drusila su mujer,
que era judía, llamó a Pablo, y le oyó
acerca de la fe en Jesucristo.
HECHOS 24:24

Drusila puede que hubiera sido judía, pero no era una judía muy fiel. Félix no era su primer esposo; después de sólo un año de matrimonio, ella había dejado a su esposo, Azizus, rey de Emesa, para irse con Félix.

Quizá esa falta de fe no sea sorprendente, considerando su trasfondo. Drusila era bisnieta de Herodes el Grande e hija de Herodes Agripa I. La crueldad, y no la creencia, era una marca de su familia.

Cuando los líderes judíos llevaron a Pablo ante Félix, demandando que fuese castigado por causar alborotos, Pablo aprovechó la oportunidad para testificar a Félix y su esposa. Ellos nunca llegaron a la fe, quizá porque tenían otros planes: Félix esperaba un soborno, y no buscar la verdad. Quizá su esposa tuviera la misma actitud.

No importa si provenimos de una larga línea de personas fieles. Cada uno de nosotros tiene una oportunidad de aceptar a Cristo mediante un testigo personal, un libro, o el testimonio de un predicador. ¿Nos quedaremos en un pasado pecaminoso o acudiremos a Jesús por medio de la fe? Es solamente decisión nuestra.

ELISABET

Y tomó Aarón por mujer a Elisabet
hija de Aminadab, hermana de Naasón;
la cual dio a luz a Nadab, Abiú,
Eleazar e Itamar.
ÉXODO 6:23

La esposa de Aarón no tiene mucha fama en la Biblia. Su hermano Naasón tiene más mención como líder de la tribu de Judá, pero Elisabet habría sido muy conocida para los israelitas, al ser la esposa de su sumo sacerdote.

Elisabet tenía un maravilloso esposo, pero sus hijos eran otra historia. Levítico 10:1-2 describe la muerte de sus dos primeros hijos, Nadab y Abiú. En lugar de seguir las instrucciones de Dios en la adoración, ellos orgullosamente hicieron una ofrenda de incienso no autorizado. Como castigo, Dios los consumió con fuego. Algunos eruditos sospechan que Nadab y Abiú habían estado ebrios en ese momento, un estado que les condujo a llevar a cabo unos actos tan poco santos. El razonamiento de los eruditos viene del hecho de que poco después de este incidente, Dios advirtió a Aarón y a sus hijos que no bebiesen antes de la adoración (ver Levítico 10:9).

No toda mujer de Dios tiene hijos que le hagan sentirse orgullosa. Cada hijo es diferente, y mientras que uno puede deleitar a una madre, otro puede causarle mucha tristeza. Las madres cristianas pueden testificar fielmente a sus hijos y, sin embargo, no ser capaces de que ellos se aparten de hacer el mal.

Pero, como en el caso de Elisabet, Dios también puede darle una gran bendición a una madre que cree. Eleazar, el tercer hijo de Elisabet, honró la fe de sus padres, siguiendo los pasos de su padre. Llegó a ser el jefe de los levitas y sumo sacerdote en lugar de Aarón.

ELISABET

Pero no tenían hijo,
porque Elisabet era estéril,
y ambos eran ya de edad avanzada.
LUCAS 1:7

El piadoso Zacarías y su esposa, Elisabet, ambos de la línea sacerdotal, eran personas ancianas que parecía que no podían tener hijos. Qué conmoción, entonces, para Zacarías recibir una visita de un ángel que le dijo que él y Elisabet tendrían un hijo: Juan.

¿Es sorprendente que Zacarías dudase? ¿Pero decirle el equivalente a: "Oh, no, debes de estar equivocado" a un ángel? ¿En qué estaba pensando? Dios mostró sentido del humor, haciendo al futuro padre incapaz de hablar hasta el nacimiento del hijo prometido, quizá para que no dijese ninguna otra tontería.

Algún tiempo después, María visitó a Elisabet. La prima de María de inmediato supo que aquella joven daría a luz al Mesías y alabó al Señor por ello. Qué tiempo de comunión debió de haber sido para aquellas mujeres que llevaban hijos con misiones como ninguna otra en el mundo.

Cuando Elisabet tuvo a su hijo, los familiares supusieron que la pareja seguiría la costumbre dándole el nombre de su padre: Zacarías. Pero el ángel había declarado que su nombre sería Juan, y así es como Elisabet puso al muchacho. La familia le preguntó al padre. En cuanto él escribió: "Su nombre es Juan", la boca de Zacarías fue abierta y él alabó al Señor. Desde ese momento en adelante, todos pudieron ver que Juan era de algún modo especial. Se preguntaron qué haría el Señor con su vida.

Elisabet debió de haberse sorprendido por el camino que la vida siguió para ella. Durante mucho tiempo acostumbrada a que pensaran que era estéril, de repente se le dio un niño especial que serviría a Dios de una manera poco común. ¡Cuán bendita debió de haberse sentido!

Cuando la vida dé giros inesperados para nosotras, ¿seremos un dudoso Zacarías o una fiel Elisabet? Confiar en Dios requiere mucha fe cuando nuestras vidas de repente se vuelven del revés. Tenemos dos opciones: podemos simplemente permitir que Dios controle cualquier cosa que suceda, o podemos pasar tiempo preocupándonos por el futuro.

Ya que no podemos cambiar el futuro —y de todos modos, Dios lo tiene todo bajo control—, bien podemos seguir el ejemplo de Elisabet. También nosotras podemos descubrir que Dios nos ha dado bendiciones inesperadas.

ESTER

Y había criado a Hadasa, es decir, Ester,
hija de su tío, porque era huérfana;
y la joven era de hermosa figura y de buen parecer.
Cuando su padre y su madre murieron,
Mardoqueo la adoptó como hija suya.

ESTER 2:7

Disgustado con su reina, Vasti, el rey Jerjes de Persia la hizo a un lado para buscar a otra. Después de una búsqueda por toda la nación, sus ojos se fijaron en una mujer que había sido exiliada a su tierra. Pero Ester nunca le habló al rey acerca de su trasfondo familiar judío.

Quizá el concurso de Jerjes para buscar una reina fuese divertido. Con muchas otras muchachas, Ester fue llevada a la corte y se le dieron tratamientos de belleza, y sirvientas estaban a su disposición. Entonces llegó la noche en que Ester fue enviada al rey como su concubina. Aunque nunca se le menciona en este libro de la Biblia, Dios ciertamente guió la vida de Ester; porque, de todas las mujeres, ella fue más atractiva para este rey lejos de ser virtuoso. Jerjes la hizo su reina.

Con el tiempo, el primo de Ester, Mardoqueo, desenmascaró una trama de asesinato contra el rey. Pero en lugar de honrar al judío, el rey elevó a su cortesano Amán a la más alta posición entre los nobles. Cuando Mardoqueo se negó a inclinarse ante Amán, el favorito del rey ideó una trama para librarse de Mardoqueo y del pueblo judío. Amán consiguió la involuntaria aprobación del rey para eliminar a la raza de su reina.

Mardoqueo reveló el plan de Amán a Ester y le dijo que se presentase ante el rey. Ya que cualquiera que se acercaba al rey sin invitación podía ser muerto —y Ester no había sido llamada desde hacía un mes—, la reina temió por su vida.

Mardoqueo le advirtió: "No te imagines que por estar en la casa del rey serás la única que escape con vida de entre todos los judíos. Si ahora te quedas absolutamente callada, de otra parte vendrán el alivio y la liberación para los judíos, pero tú y la familia de tu padre perecerán. ¡Quién sabe si no has llegado al trono precisamente para un momento como éste!" (Ester 4:13-14). Ester prometió ir, si su primo ayunaba y oraba por ella.

Ester fue delante del rey, quien le perdonó la vida se ofreció a hacer cualquier cosa que ella quisiera. Ella pidió solamente que Amán asistiera a dos banquetes: uno aquel día y el otro al siguiente. Aunque emocionado por recibir tal honor, la actitud de Amán se amargó cuando vio a Mardoqueo de nuevo. Un furioso Amán ordenó que se construyera una horca para su enemigo.

Aquella noche, un Jerjes con insomnio hizo que se le leyese un informe sobre su reino, y descubrió que Mardoqueo nunca había sido recompensado por su fidelidad. En un divertido giro del plan de Dios, el rey preguntó a Amán qué debería hacerse a alguien a quien el rey deseara honrar. Amán, suponiendo que esa persona era él mismo, sugirió que se trajeran un manto real y un caballo real, y que un noble condujese al hombre honrado por la ciudad, declarando por qué el rey lo honraba. ¡Qué conmoción para Amán cuando él fue el noble que recibió órdenes de honrar a Mardoqueo de esa manera! Pero Amán tenía que obedecer.

Cuando Amán asistió al segundo banquete de la reina, Ester reveló el complot al asombrado Jerjes. El rey ordenó que su cortesano fuese inmediatamente colgado en la horca construida para Mardoqueo; y ordenó que Mardoqueo escribiese una nueva ley que protegiese a los judíos. Por tanto, en un día, los judíos pudieron librarse de sus enemigos. Mataron a todos, dejando a su pueblo seguro, e instituyeron la fiesta de Purim.

El nombre de Dios está ausente del libro de Ester, pero su mano en la vida de ella es obvia. Y así será con nosotras: cuando afrontamos pruebas, también podemos confiar en que Él está obrando algo positivo por nosotras.

Aunque convertirse en la concubina de un rey puede que no pareciese bueno, Dios cuidó de Ester a fin de que ella llegase a ser reina. Aun nuestros momentos más traumáticos también están en las manos de Dios. Cuando confiamos en Él, nada puede ir terriblemente mal.

La obediente Ester actuó según la voluntad de Dios, se sometió al sabio consejo de su primo, y estuvo segura. De igual modo, Dios nos protege, especialmente cuando nuestra fidelidad nos pone en peligro. Si Él puede contener a un poderoso gobernante, ¿qué no hará por nosotras?

EUNICE

Traigo a la memoria tu fe sincera,
la cual animó primero a tu abuela Loida
y a tu madre Eunice, y ahora te anima a ti.
De eso estoy convencido.

2 TIMOTEO 1:5

Para Timoteo, la fe era un asunto de familia.

Su madre era una judía creyente (ver Hechos 16:1), y su abuela también creía. Según las referencias que Pablo hace a la familia de este joven, Timoteo había recibido una importante herencia espiritual, aunque su padre, que era griego, evidentemente nunca había llegado a la fe. Estas dos familiares muestran lo importante que el testimonio de una mujer puede ser para sus hijos y nietos. A pesar de ciertas influencias de incredulidad, un hijo o nieto puede aprender de una vida fiel practicada delante de él.

En la actualidad, muchas mamás solteras se preguntan cómo pueden influenciar a sus hijos para Cristo. No tienen por qué temer. Dios puede obrar en una familia en la que haya un solo miembro rendido a Él. Obediencia, oración, y las bendiciones que Dios proporciona a su pueblo fiel son una poderosa influencia en la vida de un joven. Cuando las dudas parecieron turbar a Timoteo, Pablo no dudó en recordar a su joven amigo su historial familiar. Claramente, el apóstol sabía lo que puede ser la poderosa influencia de una madre.

EVODIA

Ruego a Evodia y también a Síntique
que se pongan de acuerdo en el Señor. Y a ti,
mi fiel compañero, te pido que ayudes a estas mujeres
que han luchado a mi lado en la obra del evangelio...
FILIPENSES 4:2-3

Estos versículos nos muestran que aunque estas dos mujeres habían "luchado a [su] lado en la causa del evangelio", Pablo sentía que su contención la una con la otra ponía en peligro a su iglesia. Sin duda, el problema que había entre ellas era lo bastante grave para merecer una mención en su carta a los Filipenses.

Pero no nos equivoquemos: ellas no eran herejes ni mujeres de una fe pequeña. Hasta cristianos sinceros y trabajadores pueden permitir que la contención los separe. Pablo rogó a sus congregantes que ayudasen a Evodia y a Sintique a encontrar una solución a su diferencia de opinión.

No mucho ha cambiado en los años desde que el ministerio de Pablo terminó. Los cristianos siguen teniendo acalorados debates, ya sean sobre de qué color pintar la iglesia o cómo testificar para Cristo. Pablo advirtió a otra iglesia: "No dejen que el sol se ponga estando aún enojados" (Efesios 4:26).

El enojo llegará, pero no tiene por qué quedarse y hacer daño a la fe de la persona, a la iglesia, y al testimonio cristiano en el mundo. Todos necesitamos hablarnos unos a otros rápidamente y poner fin al enojo. Si necesitamos ayuda, está tan cerca como la de sabios consejeros en nuestra congregación.

EVA

El hombre llamó Eva a su mujer,
porque ella sería la madre
de todo ser viviente.
GÉNESIS 3:20

La primera mujer lo tenía hecho. Especialmente creada por Dios para su esposo, ella nunca tenía que preocuparse por las discusiones sobre quién iba a lavar los platos o cómo gastar el dinero de la familia; no había tales cosas en el Edén. Ella vivía y trabajaba en un hermoso huerto plantado por Dios y hablaba con Dios personalmente cada día. Nada iba mal en la vida de Eva.

Pero un día, una serpiente susurró al oído de Eva, tentándola a comer del fruto del árbol prohibido en su hermoso jardín. Esa astuta serpiente le dijo a Eva que Dios no le había dicho nada: si ella comía de ese suculento producto, conocería el bien y el mal. Aunque ella no tenía idea de lo que eso significaba, sonó interesante para Eva.

Si hubiera sido capaz de ver hacia dónde se dirigía eso, Eva habría detenido en seco a ese bicho. Pero conocer el mal se veía muy bien desde el lugar perfecto que ella tenía. Por tanto, ella no sólo comió del fruto prohibido, sino que también le dio a Adán. Los resultados de su elección, sin embargo, no fueron como ella esperaba. No fue como si ella de repente tuviera el poder de Dios de conocer todas las cosas; por el contrario, el mal entró en todas las vidas humanas mediante su mala elección.

Ahora bien, cuando Dios fue al huerto, la pareja desapareció. Él tuvo que buscar a la avergonzada pareja, quienes de repente entendieron el impacto de una mala elección. ¡Qué culpables debieron de haberse sentido! ¿Pero cómo podían esconderse del Señor del universo? Él los acorraló, y comenzó el juego de culpar: Adán culpó a Eva; Eva culpó a la serpiente.

Todos los ofensores, desde la serpiente hasta Adán, recibieron una maldición estrechamente relacionada con su situación. Para Eva, fue dolor al dar a luz y ser gobernada por su esposo; se podría decir que "la batalla entre los sexos" comenzó aquí. Para Adán, la maldición significó tener que trabajar duro para hacer que la tierra produjera una cosecha. Para ambos, la vida eterna era ya cosa del pasado. Después de que Dios prohibiera a Adán y Eva estar en su hermoso huerto, puso una espada de fuego para guardar el acceso de ellos al árbol de la vida.

Una vez fuera del Edén, Eva tuvo dos hijos; primero Caín y después Abel. Después del dolor de dar a luz, ella se regocijó por los regalos que Dios le había dado —sus dos hijos—, pero el pecado ya estaba afectando a toda su familia. El dolor de dar a luz era sólo el comienzo de su angustia.

Cuando fueron adultos, sus dos hijos se presentaron ante Dios con una ofrenda. Abel llevó lo mejor de su rebaño, mientras que Caín llevó sus frutos de la tierra. Dios aprobó la ofrenda de Abel, mientras que rechazó la de Caín. Por Génesis 4:7 es obvio que la aprobación de Dios tiene más que ver con el corazón de Caín que con la calidad de su ofrenda física. Pero el primogénito se enfureció y, como harían los niños, se desquitó con su hermano. Mató al que habían aprobado: Abel.

Qué tristeza debió de haber sentido Eva. Sin duda, toda la promesa que ella sintió en el nacimiento de Caín se debilitó. Ella había perdido a su hijo menor, y Dios había condenado al mayor a vagar por la tierra. Sin embargo, Dios renovó su promesa dando a Eva un tercer hijo: Set. Desde luego, ningún hijo puede ocupar el lugar de otro, pero Eva volvió a sentir el amor y el consuelo de Dios. Y por medio de Set llegó la línea de salvación, en Noé y su familia.

No sabemos nada más que esto de la familia de Eva, pero todas las mujeres pueden identificarse con sus fracasos, heridas y esperanzas. Como ella es la primera mujer, de quien vienen todas las demás, la vida de Eva nos habla a todas nosotras. Nuestras dudas, pecados y experiencias se parecen a las de ella. Al igual que ella, puede que hagamos elecciones precipitadas que nos separen de Dios; pero al igual que ella, descubrimos que aunque abandonemos a Dios, Él no nos abandonará. Él siempre nos llama a regresar al huerto de su amor.

GÓMER

La primera vez que el Señor habló por medio de Oseas,
le dijo: «Ve y toma por esposa una prostituta,
y ten con ella hijos de prostitución,
porque el país se ha prostituido por completo.
¡Se ha apartado del Señor!».
Oseas fue y tomó por esposa a Gómer, hija de Diblayin,
la cual concibió y le dio a luz un hijo.

OSEAS 1:2-3

¡Eso sí que es llevarte el trabajo a casa! Eso es lo que hizo el profeta Oseas cuando se casó con una mujer infiel: Gómer. Pero Dios tenía un plan: Él quería mostrar a Israel cómo era la infidelidad de ellos hacia Él; por tanto, le dio a su pueblo una perspectiva práctica de ello haciendo que el profeta se casara con una mujer que buscaría a otros hombres y daría a luz a hijos ilegítimos.

El segundo y tercer hijo de Gómer probablemente fuesen de sus amantes, y no de su esposo. Cada hijo tenía un nombre con un significado. El nombre de su primer hijo, *Jezrel*, significa "Dios esparce", una advertencia a Israel de lo que iba a llegar. La primera hija se llamaba *Lorrujama*, o "no querida". Y *Loamí*, el último hijo, tiene un nombre que significa "pueblo ajeno". Poco después de su nacimiento, Gómer dejó a su esposo para vivir como prostituta. Sus actos representan la distancia cada vez mayor entre Dios y su pueblo. Al igual que el pecado de Gómer separó al profeta y a su esposa, el que Israel adorase a ídolos paganos dividió al Señor y a su pueblo.

Finalmente, tanto Gómer como los israelitas fueron llevados a un punto muerto. Después de toda su vida libertina, Gómer terminó como esclava. Pero Dios ordenó al profeta que la amase de nuevo, a fin de que su pueblo que también estaba a punto de ser esclavo comprendiera lo mucho que Él los amaba. El obediente Oseas compró a Gómer, al igual que Jesús nos compró a nosotros y nos sacó de nuestro pecado. Con gran ternura, el profeta volvió a llevar a casa a su esposa y le ordenó que fuese fiel.

No podemos saber si Gómer agradeció la compasión de su esposo. Israel no se arrepintió de inmediato, y quizá Gómer tampoco lo hiciera; pero su caída y su restitución dan a los cristianos en la actualidad un claro retrato de lo mucho que Dios ama a su pueblo pecador y hasta qué extremos irá Él para reclamar el amor de su pueblo. Él no guarda rencores, sino que llama al pecador a dar un giro radical y regresar a Él otra vez.

¿Le has fallado a Dios? Él nunca te fallará. Vuélvete en arrepentimiento, y acércate a Aquel que nunca decepciona a sus amados. A pesar de lo que hayas hecho, Él ofrece perdón. Solamente pide, pues Él te ha estado esperando todo el tiempo.

AGAR

Saray, la esposa de Abram,
no le había dado hijos…
Entonces ella tomó a Agar, la esclava egipcia,
y se la entregó a Abram como mujer.
GÉNESIS 16:1, 3

Quizá Saray lo hiciera con buena intención, pero cuando trató de generar el hijo prometido de Dios dando su esclava a su esposo, creó un caos de relaciones para todos los implicados.

La pobre Agar no tuvo nada que decir en la situación, y Abram simplemente aceptó los deseos de su esposa. Pero el plan salió horrorosamente mal. Como segunda esposa de Abram, la posición de Agar se volvió peor, no mejor. Cuando concibió, ella despreciaba a Saray y provocó problemas para ella misma.

Aunque Saray había causado la disensión en la familia, culpó a Abram de la situación. Abram, que amaba verdaderamente a Saray y probablemente sólo quisiera paz en su propia tienda, dejó la solución al problema en manos de Saray. Ella decidió tratar mal a su esclava, así que la embarazada Agar finalmente huyó. Por el desierto, se dirigía hacia su hogar en Egipto, aunque tenía pocas probabilidades de terminar el viaje.

En el desierto, el ángel del Señor se apareció a Agar y le hizo regresar del peligroso viaje, prometiéndole que tendría un hijo y que sus descendientes serían tan numerosos que no se podrían contar (Génesis 16:9). También profetizó división entre el hijo de Agar, Ismael, y el hijo de la promesa, Isaac.

Pasarían catorce años antes de que Isaac naciese, y la división entre Sara, el nombre que Dios le había puesto, y Agar se hizo aún más grande. Cuando Ismael se burló del joven Isaac, Sara insistió en que su esposo, ahora llamado Abraham, despidiera al joven. Esta vez Abraham acudió a Dios, quien le dijo que hiciera lo que Sara deseaba. Y una vez más, Dios prometió que Ismael sería el padre de una nación.

Agar se fue con su hijo. Los dos viajaron hasta llegar a estar agotados, y morirse de sed parecía algo inminente. Pero Dios intervino de nuevo para proporcionar un pozo de agua; y Dios siguió cuidando de Ismael, quien llegó a ser el padre de los árabes.

La maltratada Agar parecía abandonada, pues dos veces se marchó hacia el desierto. Pero aunque ella cometió errores y las personas que le rodeaban la maltrataron, Dios nunca se olvidó de ella. En momentos clave, Él la protegió y la guió, tanto a ella como a su hijo.

Así puede ser también para nosotras. La vida puede que se vuelva contra nosotras, pero nada de lo experimentemos está por encima de la sabiduría o el control de Dios. Con Él, estamos siempre seguras, consoladas y protegidas. Él nunca nos dejará ni nos abandonará.

ANA

Elcaná tenía dos esposas.
Una de ellas se llamaba Ana, y la otra, Penina.
Ésta tenía hijos, pero Ana no tenía ninguno.

1 SAMUEL 1:2

¿Hostigaban todas las mujeres de la Biblia a aquellas que no podían tener hijos? No, realmente no. Pero según el registro bíblico, parece que sucedía con bastante frecuencia. Quizá Dios estaba mostrando a su pueblo por qué la poligamia no es parte de su plan.

Aunque el esposo de Ana, Elcaná, la amaba profundamente, eso sólo parecía empeorar más aún la situación de ella. La segunda esposa de Elcaná, la celosa Penina, seguía metiéndose con la favorita estéril hasta que Ana se desesperó por completo y no comía.

Cuando hicieron su visita anual al tabernáculo, Ana derramó su corazón ante Dios. Aunque probablemente ella hubiera orado con frecuencia antes, ahora hizo una promesa especial: si Dios le daba un hijo, ella se lo entregaría a Él para que le sirviera. Ella quería que su hijo tomara el voto nazareo —una señal de especial dedicación a Dios—, como hizo Sansón.

Aun durante su sincera oración, llegó más dolor al camino de Ana. Elí, el sacerdote, confrontó a Ana, acusándola de estar ebria. Ella tuvo que explicar que era su profunda necesidad, y no el vino, la que le había hecho orar en silencio y sin embargo con sus labios moviéndose. El escarmentado sacerdote creyó a Ana y la envió en paz, bendiciéndola. Entonces Ana sintió paz en su corazón, pues su rostro se iluminó y volvió a comer.

Pronto, Ana recibió la respuesta a su oración. Concibió, y con el tiempo tuvo un hijo, a quien puso por nombre *Samuel*, que significa "Dios oyó". Al año siguiente, cuando su esposo quiso que ella visitase el tabernáculo otra vez, ella prometió entregar a Samuel al servicio del Señor, pero no hasta que fuese destetado. Ya que no había manera de mantener la leche en aquella época, los niños normalmente eran destetados alrededor de los tres años de edad. Por tanto, Samuel habría recibido en aquellos primeros años la influencia de una familia piadosa, especialmente de su madre. Aunque Samuel era muy pequeño, Ana debió de haber causado un poderoso impacto en él, pues llegó a ser uno de los mayores profetas de Israel. Él condujo a Israel, espiritualmente, en la importante era de la fundación de la monarquía.

Ana cumplió sus promesas a su esposo y a Dios. Cuando Samuel fue destetado, ella lo llevó a él y una generosa ofrenda al tabernáculo. Después de haber hecho la ofrenda, entregó a su hijo a Elí para que lo criase y lo formase en el sacerdocio.

Esta increíble mujer debió de haber sentido tristeza al dejar a su hijo; sin embargo las palabras que salieron de sus labios fueron todas de alabanza al Señor que había hecho que tuviese lugar la situación. Le glorificó por su liberación, sintiendo como si ella hubiera ganado la batalla con la arrogante Penina. Su oración mostró una profunda devoción a Dios y confianza en que Él estaba a cargo de todo lo que sucede en la tierra. Quizá por eso pudo dejar a Samuel con Elí, aunque los hijos de él habían caído en la maldad y estarían con el joven Samuel en el tabernáculo. Ella confiaba en que Dios cumpliría todo lo que ella había pedido para su hijo.

Aunque su contacto con Samuel estaba limitado a la visita anual, Ana fielmente le mostró su amor, llevándole un regalo: un manto, que él habría llevado puesto cada día y le recordaría a ella.

Elí oró por Ana y su esposo, y ellos tuvieron cinco hijos más. La mujer estéril fue plenamente bendecida, porque confió en Dios y entregó a Él toda su vida, hasta su relación con el hijo del milagro.

¿Acaso no es Ana una mujer a la que te gustaría conocer en el cielo? ¿No te identificas con ella en muchos niveles? Su dolor ha sido el tuyo aun si tú no has tenido problemas para concebir, porque las relaciones son con frecuencia complejas y dolorosas. Al igual que ella, has tenido que entregar algunas cosas queridas a Dios y confiar en que Él te bendeciría por tu sacrificio. Has corrido riesgos por Él esperando que nunca lo lamentarías.

Esta maravillosa madre que casi no lo fue es un hermoso ejemplo para toda mujer piadosa en la actualidad.

HEPSIBA

Manasés tenía doce años cuando ascendió al trono,
y reinó en Jerusalén cincuenta y cinco años.
Su madre era Hepsiba.
2 REYES 21:1

"Mi deleite en ella" era lo que significaba el nombre de Hepsiba, y aunque puede que ella hubiera sido encantadora, su hijo Manasés sin duda no lo era. Aunque su padre, Ezequías, buscaba a Dios y le seguía, el muchacho fue en la dirección contraria, hasta que su nombre se convirtió en sinónimo de maldad.

Manasés hizo volver a Israel a la adoración pagana que era peor que la de las naciones impías que anteriormente habitaban la tierra (ver 2 Crónicas 33:9). Sólo cuando los asirios lo capturaron y lo llevaron a Babilonia, el rey se arrepintió. Aunque regresó a Jerusalén y restableció la fe en Yahvé, nunca eliminó exitosamente las prácticas de adoración pagana.

La Escritura no nos dice cómo se sentía Hepsiba en cuanto a su hijo. Quizá ella le alentara en sus erróneas prácticas; o quizá llorase por su infidelidad, y sus fieles oraciones condujesen al final retorno de su hijo a Dios. Sea como fuere, su historia nos recuerda que ningún hijo está tan alejado que Dios no pueda alcanzarlo. Atraer a sí mismo a los perdidos es el plan de Dios, aun para nuestros propios hijos que se han apartado.

HERODÍAS

*En efecto, Herodes mismo había
mandado que arrestaran
a Juan y que lo encadenaran en la cárcel.
Herodes se había casado con Herodías,
esposa de Felipe su hermano.*
MARCOS 6:17

Como otra de las mujeres malas de la Biblia, Herodías tenía
una accidentada carrera cuando se trataba de matrimonio.
Se había casado con su tío, Herodes Felipe; pero cuando su
hermano Herodes Antipas visitó a la pareja en Roma, sedujo
a Herodías para que dejase a su esposo y se casase con él. La
posición de Herodes Antipas como tetrarca de Galilea y Perea
era próxima a la de un rey, así que ella mejoró su propia carrera yéndose con él. Parece que no importaba la condena de la
Escritura a tal tipo de relación (ver Levítico 18:16).

Pero cuando Juan el Bautista le dijo a Herodes que el
matrimonio no era legítimo, la situación matrimonial de Herodías de repente se volvió algo muy importante. No era que
Herodías quisiera arreglarla; simplemente quería librarse de
un crítico. Pero Herodes no (ver Marcos 6:19-20).

Por tanto, la manipuladora Herodías hizo que su hija de
su primer esposo —que no es identificada en la Escritura
pero es conocida por la Historia como Salomé— bailase una
danza erótica para Herodes. Agradado, Herodes ofreció a la

muchacha cualquier cosa que ella pidiera. Lo que ella pidió fue lo que su madre quería: la cabeza de Juan el Bautista.

Cuando la gente dice que el modo en que uno use su sexualidad no importa o que el divorcio realmente está bien, recuerda a Herodías. Una vida fiel delante de Dios se construye día a día, pieza a pieza. Cuando somos fieles en las cosas más básicas —como nuestro compromiso matrimonial—, construimos una buena vida.

HULDÁ

Jilquías y los demás comisionados del rey fueron a
consultar a la profetisa Huldá,
que vivía en el barrio nuevo de Jerusalén.
Huldá era la esposa de Salún, el
encargado del vestuario,
quien era hijo de Ticvá y nieto de Jarjás.
2 CRÓNICAS 34:22

Cuando una profetisa hablaba, tenía que decir la verdad, todo el tiempo (ver Deuteronomio 18:20). Y esta profetisa hizo exactamente eso, sin importar qué mensaje le diese Dios.

Cuando Josías, el rey de Judá, restauró el templo, sus hombres descubrieron el Libro de la Ley. Esos mandamientos de Dios habían sido pasados por alto por años, cuando el pueblo de la tierra se había entregado por completo a prácticas paganas.

Confundido, el rey envió a Huldá para preguntar qué debía hacer, y ella no retuvo la verdad. Huldá profetizó que la nación infiel sufriría desastre. Pero debido a que Josías se había vuelto a Dios humillado, no se produciría durante su vida.

Huldá debió de haber sentido compasión por el fiel rey cuyo pueblo sufriría la ira de Dios. Eso no cambiaba la verdad, sin embargo, y ella dijo las malas noticias con fidelidad. ¿Pero no puedes casi oír la bondad en su voz cuando ella describe la misericordia de Dios sobre el rey?

Al igual que Huldá, tenemos que hablar la verdad, nunca con dureza, pero siempre con fidelidad. A veces necesitamos soportar malas noticias, pero también debemos recordar a la gente la misericordia de Dios. Nosotras no somos profetisas, pero Dios puede usarnos para hablar a otros. ¿Estamos fielmente representando su mensaje?

JAEL

Mientras tanto, Sísara había huido a pie hasta la carpa de Jael, la esposa de Héber el quenita, pues había buenas relaciones entre Jabín, rey de Jazor, y el clan de Héber el quenita.
JUECES 4:17

Cuando el comandante Barac de Israel guió a sus hombres a la batalla contra los cananeos, una misteriosa mujer tuvo que ver en la historia del pueblo de Dios.

Los israelitas ganaron la batalla. Huyendo a pie, el líder cananeo Sísara saltó inconscientemente de la sartén al fuego. El esposo de Jael era madianita y tenía buenas relaciones con los cananeos, así que Sísara pensó que había encontrado un puerto seguro cuando llegó a su campamento. Quizá ser oculto por una mujer parecía particularmente seguro. ¿Quién cargaría contra su carpa privada para jugar a "general, general, quién es el general"?

Aunque Jael ocultó a Sísara en su carpa, le dio de beber y le cubrió, tenía una gran sorpresa para el hombre. El comandante de Canaán le pidió a esta mujer que mintiese con respecto a él, pero su única mentira fue a él mismo. Porque Jael, sedienta de sangre, violó las leyes de hospitalidad de su pueblo, las cuales requerían de ella que protegiese a un huésped. En cambio, una vez que Sísara se durmió profundamente, Jael utilizó un mazo para atravesar con una estaca la sien de Sísara.

De manera interesante, la Escritura no presenta a Jael como una de las mujeres malas. El canto de alabanza de Débora la describe como una heroína (ver Jueces 5:24-27). Aunque la Escritura no hace comentarios sobre la moralidad personal de Jael, las palabras de Débora aprueban la salvación que ella produjo para una nación. Sin duda, debemos suponer que Dios de alguna manera obró en esta mujer.

¿Por qué Jael de repente se volvió tan despiadada? Solamente podemos suponer. Pero por medio de ella, Dios cumplió la profecía de Débora ante el dudoso general Barac en Jueces 4:9: Dios entregó a Sísara a manos de una mujer.

Puede que pensemos en los pensamientos y los actos de Jael y nos preguntemos qué dice Dios por medio de ella. Pero cuando miramos el cuadro general, podemos estar seguras de que Dios tenía el control, protegiendo a su pueblo. Fuera Jael una israelita que se casó con un incrédulo o fuera una extraña para Dios, se convirtió en parte del plan de Él.

Al igual que Dios actuó para el bien de Israel en el Antiguo Testamento, lo hace también por nosotras en la actualidad. A pesar de lo ajena o peligrosa que sea nuestra posición, podemos estar seguras de que Dios no nos deja. Cuando le obedecemos, Él puede utilizar incluso a una Jael para traer bendición a nuestra vida. Siempre que nos confiamos por completo en manos de Él, estamos seguras.

LA HIJA DE JAIRO

En esto llegó un hombre llamado Jairo,
que era un jefe de la sinagoga. Arrojándose
a los pies de Jesús, le suplicaba que fuera a su casa,
porque su única hija, de unos doce años,
se estaba muriendo.
LUCAS 8:41-42

Un afligido padre se acercó a Jesús, suplicándole que salvase la vida de su joven hija. Aunque no sabemos el nombre de la muchacha, podemos decir lo mucho que Jairo la amaba. Porque aunque él era un líder en su sinagoga y Jesús era una figura controvertida, este padre hizo a un lado el temor por su posición para buscar ayuda para su hija moribunda.

Jesús aceptó ayudar y comenzó a dirigirse hacia la casa de Jairo. Pero en ese momento, una mujer que había sufrido de hemorragia durante todos los años de vida de la hija de Jairo se acercó a Jesús. Ella tenía fe en que un simple toque de la ropa de Jesús podía sanarla.

Qué aterrado debió de haberse sentido Jairo cuando Jesús se detuvo para sanar a la mujer. ¿No sabía Jesús que la pequeña de Jairo, la niña de sus ojos, estaba dando sus últimos suspiros? Qué minutos tan estresantes debieron de haber sido para el gobernador de la sinagoga. Pero lo peor estaba por llegar. Llegó noticia de que su hija estaba muerta, y los mensajeros aconsejaron a Jairo que no "molestase" a Jesús (ver Lucas 8:49).

Pero para Jesús no era una molestia. Él simplemente alentó al gobernador de la sinagoga a creer, y siguió adelante. Cuando llegaron a la casa, Jesús inmediatamente calmó a los familiares que lloraban, e ignoró sus burlas cuando les dijo que ella estaba "dormida" (Lucas 8:52). Entonces tomó la mano de la niña y le dijo que se levantase. Ella obedeció de inmediato, sorprendiendo a sus padres.

¿Cómo habría sido estar entre una de las pocas personas a las que Jesús resucitó de la muerte? Esta muchacha debió de haber sido especial siempre. Durante el resto de su vida, otros la habrían señalado debido a este acontecimiento. Qué importancia debió de hacer dado ella a su propia vida, sabiendo que Dios la había hecho regresar de la muerte.

La Escritura nunca dice cuánto tiempo vivió esta mujer o lo fiel que fue. Tampoco dice cuánto agradeció los actos de su padre por ella. Pero podemos suponer que ella nunca olvidó la bendición que Jesús dio.

¿Entendemos la importancia con que Dios nos considera a cada una de nosotras? Probablemente no seremos resucitadas físicamente de la muerte, pero nos ha resucitado de la muerte espiritual para darnos vida en Él. Qué gran valor deben de tener nuestras vidas, si el Rey de reyes murió por nosotras. ¿Qué más necesitamos para entender lo importantes que somos para Él?

Al igual que esta muchacha sin nombre, hemos sido tocadas por Jesús. ¡Vivamos para Él!

JEMIMA

Llamó el nombre de la primera, Jemima,
el de la segunda, Cesia, y el de la tercera, Keren-hapuc.
Y no había mujeres tan hermosas como
las hijas de Job en toda la tierra;
y les dio su padre herencia entre sus hermanos.
Job 42:14-15, RV-60

Su nombre significa "luz del día", y después de la larga y difícil noche de sufrimiento que tuvo su padre, ¿es sorprendente que él hallase alegría en ella? Porque Jemima fue la primera hija que nació después de que Dios pusiera fin al sufrimiento de Job y bendijese su vida aún más que antes. Aunque ningún hijo podría sustituir a los que él había perdido, debió de haber encontrado un nuevo deleite en Jemima y en sus hermanas Cesia y Keren-Hapuc, junto con sus sietes hermanos de los que no sabemos sus nombres.

Ya que la Escritura rara vez se ocupa mucho de la belleza física, quizá podemos suponer que Jemima también tenía una belleza espiritual que reflejaba la fe de su padre. ¿Por qué no habría podido ella recoger el gozo que su padre encontraba en Dios? Job había experimentado la grandeza del Señor, lo cual debió de haber afectado a todo lo que él decía sobre Dios y sus bendiciones.

Ya sea que Dios sustituya o no algo que hayamos perdido, Él puede darnos un nuevo gozo. A pesar de cuál sea nuestro pasado, podemos siempre deleitarnos en la nueva vida que Él ofrece día tras día.

LA HIJA DE JEFTÉ

Cuando Jefté volvió a su hogar en Mizpa,
salió a recibirlo su hija, bailando al son de las panderetas.
Ella era hija única, pues Jefté no tenía otros hijos.
Cuando Jefté la vio, se rasgó las vestiduras y exclamó:
¡Ay, hija mía, me has destrozado por completo!
¡Eres la causa de mi desgracia!
Le juré algo al Señor, y no puedo retractarme.
Jueces 11:34-35

Jefté hizo una apresurada promesa a Dios, una que adoptó la forma de un trato: tú me haces regresar a casa como victorioso, y yo te sacrificaré lo primero que cruce mi umbral para darme la bienvenida.

¿En qué estaba pensando?, debió de preguntarse a sí mismo cuando su hija danzó cruzando las puertas, regocijándose por su regreso. Esa inconsciente promesa tenía que cumplirse a costa de la pérdida de su única hija. Su valiente hija estuvo de acuerdo en seguir la promesa de su padre, si por dos meses ella podía hacer lamento con sus amigas en las montañas.

Aunque la Biblia dice que Jefté hizo con ella como había prometido, las interpretaciones difieren en cuanto a si la muchacha fue sacrificada o quizá entregada a Dios de alguna otra forma, quizá como sirvienta del templo que nunca se casaría. De cualquier manera, Jefté nunca tuvo la alegría de tener nietos. Pero su historia es una historia de advertencia. Seamos conscientes de lo que prometemos a Dios, y nunca intentemos sobornarle con nuestra obediencia.

JEZABEL

Como Jezabel estaba acabando con los profetas del Señor,
Abdías había tomado a cien de ellos
y los había escondido en dos cuevas,
cincuenta en cada una, y les había dado
de comer y de beber.
1 REYES 18:4

Si la niña Jezabel hubiera ido a la escuela, su cartilla de notas hubiera dicho: "No juega bien con otros". Ella es una de las mujeres *realmente* malas de la Biblia, una mujer manipuladora que tenía que salirse con la suya. ¿Te has preguntado alguna vez cómo es una persona sin conciencia alguna? Aquí está.

Esta princesa sidonia se casó con Acab, rey de Israel, y difundió la corrupta influencia de sus dioses paganos al pueblo escogido del único Dios verdadero. Al final, Acab hizo más para provocar al Señor que todos los otros reyes de Israel que le habían precedido (ver 1 Reyes 16:33).

Quizá Jezabel no quisiera oír lo mala que ella era, porque decidió aniquilar a tantos profetas de Dios como pudiera (ver 1 Reyes 18:4). Pero no agarró a Elías. A su debido momento, Dios envió a Elías al rey, para confrontar a Acab en cuanto a los sacerdotes y profetas paganos que Jezabel había importado. El profeta ordenó al rey que llevase a los líderes paganos al monte Carmelo, donde Elías propuso un duelo entre él mismo y los profetas de Baal. Ellos descubrirían quién era más poderoso, Baal o Dios, cuando ambos bandos comenzaran un sacrificio y clamasen a sus respectivas deidades para que encendiesen el fuego.

A pesar de todo lo que hicieron los adoradores de Baal, su sacrificio no se encendió. Mofándose de ellos, Elías puso el desafío más difícil con él mismo, y con Dios. Hizo que los israelitas cubrieran su madera de agua, en mucha cantidad. Entonces, en lugar de hacer un espectáculo, él simplemente oró. Y el fuego de Dios cayó del cielo, encendiendo el sacrificio. Después de eso, Israel supo quién era realmente Dios.

Cuando Jezabel oyó lo que había sucedido, quiso matar también a Elías. Él tuvo que huir, pero Dios lo protegió de los malvados gobernantes.

Algún tiempo después, Acab intentó que el dueño de un viñedo, Nabot, le vendiese su terreno para construir un jardín real. Nabot se negó de plano a renunciar a su herencia de Dios. Cuando Jezabel encontró a su esposo enojado, prometió conseguir el terreno para él: tendiendo una trampa a Nabot. Uno de los días de ayuno, ella hizo que dos hombres acusaran al honorable Nabot de maldecir a Dios y al rey. ¿El castigo? Muerte por apedreamiento. Ese final sufrió Nabot, todo para que Jezabel pudiera conseguir su terreno para su esposo.

Entonces Dios envió a Elías a la reina con un mensaje: la confrontó con una acusación de asesinato y prometió que donde Nabot había muerto, también moriría ella. Peor aún, los perros se comerían su cuerpo. Pero no inmediatamente.

Cuando Acab murió en batalla contra el rey de Aram, Jezabel manipuló a sus hijos, Ocozías y Joram, quienes también llegaron a ser reyes de Israel. Por tanto, ella siguió en el poder alrededor de diez años. Sus hijos fueron gobernantes malvados, muy parecidos a su padre.

Pero la profecía de Elías no quedó sin cumplirse. A su tiempo, Dios levantó a Jehú para aniquilar al linaje de Acab. Jehú mató a Joram, que había ascendido al trono después de que su hermano muriese por las heridas producidas por una caída. Entonces Jehú, el nuevo rey, cumplió la profecía de Dios con respecto a Jezabel: hizo que la tirasen por su ventana, donde su sangre salpicó el muro y fue pisoteada por caballos. Cuando los sirvientes fueron a enterrarla, quedaba muy poco de ella. Los hombres que informaron al rey solamente le hablaron de la profecía de Elías.

"El delito no compensa" podría ser la moraleja de la vida de Jezabel. Su desafío a Dios no le llevó a ninguna parte. Y cuando recurrió a un acto criminal, Dios preparó castigo para ella. Aunque pasaron muchos años entre las palabras que Elías pronunció y la muerte de Jezabel, Dios nunca se olvidó.

Dios tampoco olvida nuestras obras. Cuando le obedecemos, Él nos protege, como hizo con Elías. Cuando hacemos el mal, cosechamos una amarga recompensa.

¿Estás frustrada por los malvados y los poderosos? Recordemos que no hemos leído el final de su historia. Al igual que Jezabel, puede que estén amontonando desastre para sí mismos.

JUANA

Después de esto, Jesús estuvo recorriendo los pueblos
y las aldeas, proclamando las buenas
nuevas del reino de Dios.
Lo acompañaban los doce, y también algunas mujeres
que habían sido sanadas de espíritus malignos y de
enfermedades: María, a la que llamaban Magdalena,
y de la que habían salido siete demonios;
Juana, esposa de Cuza, el administrador de Herodes;
Susana y muchas más que los ayudaban
con sus propios recursos.
LUCAS 8:1-3

Nos quedamos con muchas preguntas sobre Juana. Este pasaje y Lucas 24:10 nos dicen todo lo que sabemos de ella. Aunque la Escritura no relata su historia personal, sabemos que ella era importante para el ministerio terrenal de Jesús, ya que sus generosos donativos ayudaron a que se produjera.

Algunos comentaristas suponen que Juana era viuda, ya que seguía libremente a Jesús. Cuza habría ocupado un puesto importante en la casa de Herodes Antipas, ocupándose de todos los asuntos de la casa del tetrarca. Si Cuza seguía vivo, debió de haber sido comprensivo con el evangelio, para permitir a su esposa tal libertad. Quizá estuviera agradecido de que Jesús hubiera sanado a su esposa.

Cualquiera que fuese su situación matrimonial, Juana proporciona un excelente ejemplo de dar con generosidad.

Debido a que ella y las otras mujeres continuaron fielmente con su papel de apoyo, el evangelio salió a todo el mundo. ¿Creemos que nuestro apoyo económico es pequeño o poco importante? Echemos otro vistazo a Juana y seamos agradecidas por las oportunidades que tenemos para dar.

LA ESPOSA DE JOB

Su esposa le reprochó:
¿Todavía mantienes firme tu integridad?
¡Maldice a Dios y muérete!
JOB 2:9

La pareja de Job no era exactamente "la esposa que apoya". La crueldad de esas palabras la ha marcado para siempre como una mujer despiadada que no podía soportar el sufrimiento de su esposo ni confiar en que Dios sacaría algo bueno de ello.

Pero no nos unamos a la señora de Job en su insensibilidad. Delante de ella estaba un hombre que sufría en todo su cuerpo; hasta su aliento apestaba. Su futuro, juntamente con el de él, parecía haber aterrizado en un pozo negro. Ella había perdido a todos sus hijos y su esperanza de seguridad futura. La riqueza de su esposo parecía perdida para ellos. La tristeza agobiaba su alma por entero.

Ya que la muerte repentina se consideraba un castigo por maldecir a Dios, la esposa de Job le alentó a que blasfemara y pusiera fin al dolor rápidamente. Al buscar ella una salida rápida, Satanás utilizó al familiar más íntimo de Job para tentarlo. Afortunadamente, aun en su dolor, Job entendió que seguir el consejo de ella solamente empeoraría las cosas. Él decidió que su vida estaba firmemente en las manos de Dios, y que la dejaría ahí. Job no intentaría manipular a Dios.

Cuando el sufrimiento de Job termina, Dios le bendice de nuevo, haciéndole dos veces más rico que antes. El Señor hasta da a Job diez hijos más (ver Job 42:13). ¡Qué propio de Dios hacer pasar a un corazón de la tristeza a la alegría, mediante la confianza en Él!

Ya que la esposa de Job no vuelve a ser mencionada directamente, algunos han supuesto que los hijos después de la prueba de Job serían de otra esposa. Pero si la primera esposa de Job seguía estando con él, puede que su corazón se llenase de gozo por la recuperación de su esposo. Y Dios pudo haberla bendecido también, con la emoción de aquellas nuevas vidas.

De la esposa de Job aprendemos qué *no* hacer espiritualmente. Las pruebas y los problemas, ya sean irritantes o abrumadores, llegan para todos. De grandes pruebas, sin embargo, puede crecer una fe aún mayor; si no cedemos a la desesperación de la señora de Job.

Mira la maravillosa experiencia que Job tuvo finalmente con Dios. Aunque su sufrimiento y los incesantes disparates de sus amigos ocupan la mayor parte del libro que lleva su nombre, al final Job entendió las inestimables profundidades de la grandeza de Dios.

A medida que confiamos profundamente en el Señor, sigamos los pasos de Job. Aferrándonos al Señor descubrimos que nada puede separarnos de Él. Agarrándonos a nuestra integridad descubrimos, por el contrario, a Dios.

JOCABED

La esposa de Amirán se llamaba Jocabed
hija de Leví, y había nacido en Egipto.
Los hijos que ella tuvo de Amirán fueron
Aarón y Moisés, y su hermana Miriam.
NÚMEROS 26:59

La Escritura sólo la menciona por su nombre dos veces, pero por medio de sus hijos tenemos una clara imagen del tipo de madre que era Jocabed. Moisés se convirtió en el principal profeta del Antiguo Testamento, mientras que Aarón lo apoyaba como sumo sacerdote, y Miriam llegó a ser profetisa. Qué piadosa influencia debió de haber sido Jocabed en los primeros años de sus hijos.

Cuando Faraón declaró que todos los bebés hebreos debían ser ejecutados, Jocabed decidió salvar a Moisés. Ocultándolo tanto tiempo como pudo, después puso al bebé en una cesta en el río Nilo y permitió que su hermana se ocultase y lo vigilase.

¡Cuánta fe debió de necesitar Jocabed para dejar flotar a su hijo en el río y esperar su salvación! ¡Qué temor debió de haber sentido mientras su bebé seguía allí!

Pero el plan de Dios era mejor que lo que Jocabed había

soñado: Él envió a una princesa egipcia a encontrar al bebé; Miriam, que seguía cerca, pudo llevar a su madre a la princesa, quien hizo que Jocabed fuese la nodriza del bebé. Por tanto, la fiel madre hebrea crió a su propio hijo; y obviamente, le formó en la fe. ¿De dónde si no podría haber obtenido Moisés su conocimiento del Señor? Sin duda, no de los sacerdotes paganos que llenaban la corte de Egipto.

Jocabed también hizo un buen trabajo. Moisés nunca olvidó sus lecciones de fe, y años más adelante defendió a su pueblo esclavo. Cuando, como profeta de Dios recién llamado, Moisés se resistió al llamado, el Señor hasta le proporcionó un portavoz en su hermano Aarón. Juntos, los dos harían que su mamá estuviera orgullosa, proclamando la verdad de Dios a toda una nación. Los libros de la Biblia escritos mediante Moisés comienzan la historia de la Biblia y hablan de las afirmaciones de Dios sobre las vidas de los creyentes.

A su tiempo, también Miriam se uniría a sus hermanos en un lugar clave de alabanza y liderazgo (ver Éxodo 15:21; Miqueas 6:4).

Cuando la sociedad moderna te diga que la maternidad no es importante, recuerda a Jocabed y a su hijo. Los hijos que con ternura alimentas hoy podrían mañana guiar a otros a Cristo mediante sus palabras y actos de fe. Cuando una mujer se sumerge en Dios, su influencia se extiende alrededor de ella como las ondas en un lago; ¿y quién mejor para ser tocados por esa fe que sus hijos?

JUDIT

*Esaú tenía cuarenta años de edad cuando
se casó con Judit hija de Beerí, el hitita.
También se casó con Basemat, hija de un hitita
llamado Elón. Estas dos mujeres les causaron
mucha amargura a Isaac y a Rebeca.*
GÉNESIS 26:34-35

Esaú se casó tarde, pero los cuarenta años que había vivido
no le dieron sabiduría. Se casó con dos mujeres, ambas de un
pueblo pagano; y esos matrimonios debieron de causar mucha tensión familiar, ya que sus padres se negaron a permitir
que su segundo hijo, Jacob, se casara con una cananea (ver
Génesis 27:46–28:1).

La religión cananea de la fertilidad, que fomentaba la
prostitución, probablemente ofendiera profundamente a Isaac y Rebeca. Sin duda, no era lo que ellos tenían en mente
para su hijo mayor, y quizá vieran que le conducía a desobedecer a Dios. Ya que la Escritura nunca menciona de nuevo
a Judit, la tristeza que causó a sus padres políticos es todo el
legado que tenemos de ella.

También nosotras podemos atraer el disgusto de nuestra
futura familia política. No gustaremos a todo el mundo; quizá seremos criticadas porque provenimos de una etnia diferente o porque no somos lo bastante "importantes".

Pero cuando los críticos se quejen, que sea porque somos
cristianas fieles y no mujeres que desvían a otros. Que vuelen

las hondas y las flechas, pero no porque hayamos deshonrado a Dios. Él es a quien tenemos que agradar, con nuestros matrimonios y nuestras vidas.

JULIA

Saluden a Filólogo, a Julia, a Nereo y a su hermana,
a Olimpas y a todos los hermanos que están con ellos.
ROMANOS 16:15

Puede que no sepamos mucho acerca de Julia, pero el hecho de que Pablo la saludase indica que ella era una creyente fiel. ¿Sabrán futuras generaciones tanto acerca de nosotras? ¿Entenderán que Dios nos aplaudió por nuestra fe, como hizo con Julia, aun si nunca obtenemos una mención pública?

Esta mujer desconocida probablemente fuese una esclava o una anterior esclava que se había ganado su libertad. Durante el primer siglo, muchos amos liberaron a esclavos; tantos, que Roma realmente cobraba impuestos a los amos que lo hacían. Pero un esclavo romano podría haber tenido una vida más segura que una mujer liberada. Al menos ella sabría que tenía un lugar donde vivir y alimento para mantenerla viva. Aunque una persona liberada tenía más libertad, la seguridad era el precio que ella pagó por esos mayores derechos legales.

Si Julia era una esclava, quizá su libertad en Cristo la consolaba. Si era una mujer liberada, quizá su seguridad estaba en Él. Pero cualquiera que fuese su condición, ella permaneció fiel a su Salvador.

Que también nosotras transmitamos esta verdad a futuras generaciones: ser fiel a Aquel que nos salvó trae recompensas, a pesar de cuál sea nuestra situación.

CETURA

Abraham volvió a casarse, esta vez con una mujer llamada Cetura. Los hijos que tuvo con ella fueron: Zimrán, Jocsán, Medán, Madián, Isbac y Súaj.
GÉNESIS 25:1-2

Cetura probablemente no fuese en realidad una "esposa"; 1 Crónicas 1:32 la denomina concubina. Los eruditos están en desacuerdo sobre cuándo entró ella en la vida de Abraham; algunos creen que fue una boda temprana, mientras que otros piensan que se produjo después de la muerte de Sara. Un tercer grupo dice que no hubo ninguna boda.

Cualquiera que fuese su situación legal, la Escritura es clara en que los muchos hijos de Cetura no tenían nada que ver con la promesa de Dios. Aunque Dios hizo que esos muchachos llegaran a ser muchas naciones, ellos nunca ocuparon el lugar de Isaac.

Por tanto, antes de su muerte, Abraham dio regalos a estos seis hijos y los despidió. El fiel Abraham no parecía preocupado por la angustia que eso podría crear para Cetura o para sus hijos; pero tuvo que haber creado una situación dolorosa para todos.

Como otros en la Biblia, Cetura y sus hijos descubrieron que estar fuera del centro del plan de Dios puede ser emocionalmente doloroso. Lo hemos visto cuando amigos o familiares se implican románticamente con personas no cristianas, o con personas muy infieles. Lo hemos visto cuando los hijos se alejan de la fe y se meten en problemas.

Las relaciones que no están en consonancia con la voluntad de Dios generan mucho dolor, y por eso todas tienen que estar centradas en Jesús. Confiar en Él no nos librará de todos los problemas, pero nos ayuda saber que Él siempre está a nuestro lado.

LEA

Así lo hizo Jacob, y cuando terminó la semana nupcial
de la primera [Lea], Labán le entregó
a Raquel por esposa.
GÉNESIS 29:28

Es difícil no sentir lástima por Lea, casándose con un hombre que amaba a su hermana. Su padre engañó a Jacob, quien había trabajado siete años por el derecho a casarse con su hermosa hija Raquel. Pero Labán puso a su hija mayor y menos agraciada, Lea, en la cama de Jacob la noche de bodas.

¿Cuánto sabía Lea de este plan? ¿No habría entendido

la tristeza que esa trama causaría al corazón de su hermana? ¿Tenía temor de su padre, siendo una víctima inocente de su intriga, o era una ansiosa parte del plan? No lo sabemos. Pero la situación que Labán instigó hizo la vida familiar de su hija increíblemente compleja y agonizante.

Para "resolver" este problema matrimonial, Labán sugirió que Jacob se casase con Raquel a cambio de otros siete años más de trabajo. Ambas hijas debieron de haberse sentido manipuladas por su padre, quien claramente quería mantener a un buen trabajador a expensas de la felicidad de sus propias hijas.

Jacob amaba a Raquel, y todos en el campamento debían de haberlo sabido. Pero Dios tuvo compasión de Lea, la no amada, y le dio hijos, mientras que retuvo hijos a Raquel. Aunque Raquel recibió el amor de su esposo, Dios dio a Lea dos cosas muy especiales: la línea sacerdotal de Israel provino de su tercer hijo, Leví, y el ancestro del Mesías de su cuarto hijo, Judá.

Desgraciadamente, Lea creía que tener bebés era la manera de ganarse el corazón de su esposo; y Raquel se volvió tan celosa de la fertilidad de su hermana que comenzó una versión personal de "¿puedes superar esto?" que hizo desgraciados a todos en la familia. Raquel le dijo a Jacob que tomase a su sirvienta, Bilhá, como concubina para que tuviera hijos en lugar de ella. Lea inmediatamente se vengó dando también a Jacob a su sirvienta, Zilpá. Bilhá tuvo dos hijos, y Raquel sintió que había ganado. Entonces Zilpá tuvo a Gad y Aser, y Lea se regocijó.

Un día, el primer hijo de Lea, Rubén, encontró algunas raíces de mandrágora, de las cuales se creía de modo supersticioso que afectaban a la fertilidad. La desesperada Raquel suplicó a su hermana que se las diera, y la profundidad del dolor de Lea está clara en su triste respuesta: "¿Te parece poco el haberme quitado a mi marido, que ahora quieres también quitarme las mandrágoras de mi hijo?" (Génesis 30:15).

A cambio de las mandrágoras, Raquel ofreció a Lea la oportunidad de dormir con su esposo. Lea estuvo de acuerdo, y una vez más quedó embarazada. Tuvo otros dos hijos antes de que Dios diese a Raquel su primer hijo: José.

Cuando Dios le dijo a Jacob que regresara a su tierra natal, Lea y Raquel no pusieron objeciones, probablemente porque Labán no había sido un padre tan maravilloso. Ellos se fueron, con todos los rebaños que Jacob había recibido de su suegro, mientras Labán no estaba.

Sólo una vez más vería Lea a su padre, cuando él siguió a la familia que huía, no por preocupación por sus hijas sino para buscar algunos ídolos que no estaban. Él ni siquiera trató de reclamar a sus hijas o a sus nietos, aunque finalmente creó un pacto entre él mismo y su yerno que tenía en cuenta el bienestar de sus hijas.

Más adelante, cuando Jacob se enfrentó a su engañado hermano Esaú, cuya ira temía, dejó claro qué esposa era la más importante: Lea fue situada más cerca del peligro que Raquel. ¡Cómo debió de haber dolido eso a Lea! Pero más dolor se acercaba. En el viaje al hogar de Jacob, la hija de Lea, Dina, fue violada por un príncipe de aquellas tierras. Parecía como si la desgracia fuese lo que correspondía a Lea.

Lea puede que haya sido la mujer menos amada de la Biblia. Aunque no fue por culpa de ella, nunca tuvo el afecto de su esposo, solamente tuvo sus hijos. Tampoco su intrigante padre se interesaba por ella. Pero Lea nos muestra lo que Dios puede hacer, aun con un corazón herido. Aunque ella no tenía nada que se aproximase a una vida perfecta, Dios la bendijo de maneras que evadieron a la más querida Raquel.

Dios también puede tomar nuestras vidas menos que perfectas y hacerlas perfectas en Él. Puede que nunca tengamos todo el amor humano y la atención que nos gustaría tener, pero Él siempre nos atraerá cerca de su costado. ¿Y no es ahí donde de verdad queremos estar, de todos modos?

LOIDA

Traigo a la memoria tu fe sincera,
la cual animó primero a tu abuela Loida
y a tu madre Eunice, y ahora
te anima a ti. De eso estoy convencido.
2 TIMOTEO 1:5

Cuando creyó por primera vez, Loida probablemente nunca pensó que estaba comenzando un legado espiritual; pero ella transmitió su fe a su hija, Eunice. Mientras vivían sus vidas cotidianas, estas dos mujeres impactaron poderosamente al hombre a quien el apóstol Pablo consideraría como un hijo adoptivo y un colaborador en la extensión del evangelio. Para el joven Timoteo, Pablo transmitió un importante ministerio que ha tocado a creyentes en todo el mundo.

¿Te has sentido alguna vez como si fueras "sólo una madre"? El tuyo es un papel importante que influencia vidas. Algún día puede que también seas abuela. ¿Cuántos jóvenes podrían ser tocados por tu fiel ejemplo, en los próximos años? Loida probablemente nunca pensó que se hablaría de su legado de fe veinte siglos más adelante. Pero las cartas de Pablo a su nieto siguen guiando a los cristianos en la actualidad.

LORRUJAMA

Gómer volvió a concebir y dio a luz una niña.
Entonces el Señor le dijo a Oseas: «Ponle por
nombre: "Indigna de compasión" [Lorrujama]
porque no volveré a compadecerme del reino de Israel,
sino que le negaré el perdón.
OSEAS 1:6

Imagina que te llamen "indigna de compasión". Qué devastador debió de haber sido para esa niña saber que Dios la estaba usando como ejemplo para su pueblo: un ejemplo de los resultados de su pecado. Dios había apartado a la nación a causa de su incredulidad, y la madre de Lorrujama, Gómer, había representado esa falta de fe. Su hija probablemente ni siquiera era hija de Oseas.

Sin importar lo bien que la tratase Oseas, ese conocimiento debió de haber marcado la vida de esta niña. Pero al igual que Dios atrajo de nuevo hacia Él a su pueblo, quizá llamó a Lorrujama hacia Él mismo. Porque incluso cuando Dios declara su pecado a su pueblo, es sólo para separarlos del mal y llevarlos a tener una relación con Él.

Tal como Dios llamó a su pueblo de antaño a apartarse de sus transgresiones y acudir a su amor, Él nos llama. ¿Estamos atrapadas en pecado? Él nos limpiará. ¿Anhelamos amor? Él proporciona todo lo que necesitamos. Ninguna de nosotras debe quedarse como indigna de compasión. Sólo tenemos que buscar a Jesús con todo nuestro corazón, y le encontraremos.

LA ESPOSA DE LOT

*Pero la esposa de Lot miró hacia atrás,
y se quedó convertida en estatua de sal.*
GÉNESIS 19:26

Ángeles rescataron a la familia de Lot de la destrucción que cayó sobre la ciudad de Sodoma. La ciudad era tan malvada que Dios salvó solamente al sobrino de Abraham y su familia inmediata. Físicamente empujando a la familia de Lot fuera de Sodoma, los seres celestiales advirtieron a los humanos que no mirasen atrás.

Qué tentación debió de haber sido mirar por encima del hombro y ver los horribles acontecimientos. ¿Acaso no se preguntaba cada persona lo que les había sucedido a los amigos y familiares que estaban allí, especialmente los prometidos de las hijas que no salieron con ellos? Pero sólo la esposa de Lot cedió a la tentación. Y perdió su vida, convirtiéndose en una estatua de sal.

Además de todo el caos y la destrucción, qué horrible debió de haber sido eso para la familia de Lot. Pero eso les mostró a ellos —y a nosotras en la actualidad— que la desobediencia a los mandamientos expresos de Dios se produce a un costo muy alto. Puede que nunca lleguemos a convertirnos en monolitos de sal, ¿pero cómo impacta nuestras vidas el pecado?

¿Podemos mirar atrás al daño que ha causado el pecado? ¿O al pecado confesado que aún dice nuestro nombre? ¿O a las malas elecciones de las que nos hemos arrepentido pero aún nos obsesionan? Dios no quiere que esa mirada hacia atrás nos destruya. Vivimos en Él hoy, así que miremos hacia delante a las metas que Él ha puesto delante de nosotros.

LIDIA

Una de ellas, que se llamaba Lidia, adoraba a Dios.
Era de la ciudad de Tiatira y vendía telas de púrpura.
Mientras escuchaba, el Señor le abrió el corazón para que
respondiera al mensaje de Pablo. Cuando fue bautizada
con su familia, nos hizo la siguiente invitación:
«Si ustedes me consideran creyente en el Señor,
vengan a hospedarse en mi casa». Y nos persuadió.
HECHOS 16:14-15

La primera persona en ser bautizada en tierra europea fue Lidia, una próspera mercader. Era "vendedora de púrpura", vendiendo tinte púrpura o la tela de ese color. Podríamos llamar a Lidia una mujer de negocios del siglo I.

Pero ella no sólo se ocupaba de los negocios. Lidia escuchó con atención a Pablo, y Dios abrió su corazón en fe para recibir a Jesús como Salvador. Rápidamente, ella practicó su fe e invitó a Pablo, Silas y Timoteo a su casa. Más adelante, después de que Pablo y Silas fueran encarcelados brevemente con cargos poco sólidos, ella de nuevo les dio la bienvenida a su casa.

Qué ejemplo de fe inmediata y con propósito es Lidia para nosotras. ¿Avanzamos nosotras en la dirección correcta, o nos retraemos, esperando hasta que veamos si nuestras elecciones serán populares? Lidia puso su mirada en hacer la voluntad de Dios y siguió adelante. ¿Lo hacemos nosotras?

MAJLÁ

Sucedió que Zelofejad… sólo tuvo hijas,
cuyos nombres eran Majlá, Noa, Joglá,
Milca y Tirsá. Ellas se presentaron ante
Eleazar el sacerdote, ante Josué hijo de Nun y ante
los jefes de Israel, y les dijeron: «El Señor
le ordenó a Moisés que nos diera tierras
en los territorios asignados como
herencia a nuestro clan».
Entonces Josué hizo tal como el
Señor le había ordenado.
JOSUÉ 17:3-4

Podríamos decir que los líderes de Israel comprendían los derechos de las mujeres. Al menos, siguiendo la anterior decisión de Moisés (ver Números 27:1-7), ellos confirmaron los derechos de las mujeres a heredar cuando no hubiera hijos que pudieran hacerlo. Qué seguras debieron de haberse sentido Majlá y sus hermanas, sabiendo que nunca se las dejaría en la pobreza.

Pero Números 36 nos habla más de estas mujeres. Los hombres de su clan se preocuparon pensando que sus tierras pasarían a otras tribus de Israel una vez que las mujeres se casaran. Por tanto, Dios ordenó que esas mujeres se casasen dentro de su propia tribu.

Pero pensemos en ello: ¿Acaso no había Dios planeado ya sus bodas, aun desde el momento en que le dijo a Moisés que ellas podían heredar? Nuestro glorioso Señor piensa de antemano cada detalle de la vida de un creyente. Todas las cosas obran para bien; y para Dios, cuando caminamos fielmente en el camino de nuestro Maestro.

MARTA

Mientras iba de camino con sus discípulos,
Jesús entró en una aldea, y una mujer
llamada Marta lo recibió en su casa.
LUCAS 10:38

Marta era una mujer afectuosa. Sabemos eso porque invitó a Jesús y a sus discípulos a su casa, aunque eso causaría muchas molestias. Después de todo, alimentar a una multitud así con poco tiempo de antelación no era lo más fácil de hacer en los tiempos anteriores a los refrigeradores, los hornos microondas y los hornos de gas o eléctricos.

No importaba que ella y su familia probablemente fuesen una familia acomodada. Eso sólo significaba que Marta tenía que organizar a su gente, quizá obtener alguna ayuda temporal, y hacer que todos trabajasen con rapidez en el último minuto para alimentar a más de una docena de invitados. Pero ese importante desafío no evitó que Marta fuese generosa.

Quizá el honor de tener a Jesús en su casa hiciera que Marta quisiera sobresalir en su recibimiento. Pero mientras ella se preocupaba por si el centro de mesa sería perfecto, mientras dirigía a los sirvientes, y debatía consigo misma si tendría suficientes alimentos, pasó por alto un acontecimiento importante: Jesús estaba enseñando en su propio hogar, y ella no oía ni una sola palabra.

Finalmente, irritada porque su hermana María no la estuviera ayudando, Marta pidió a Jesús que intercediera e hiciera que María echara una mano. ¡Qué sorpresa debió de haber sido cuando el Maestro se puso del lado de su hermana! El reino de Dios era más importante que una comida, como Jesús le dijo amablemente a Marta.

A pesar de la represión de Jesús, esa cena ayudó a cimentar una fuerte relación entre la familia y Jesús, porque cuando el hermano de Marta y María, Lázaro, se puso enfermo, ellas enviaron directamente a buscarlo con el mensaje: "Señor, tu amigo querido está enfermo" (Juan 11:3). Marta y su hermana obviamente esperaban que, al oír la noticia, Jesús llegara corriendo para sanar a su hermano. Después de todo, ¿no había hecho Él eso para muchos en Israel? Aunque esperaron, Jesús no llegó; y se acabó el tiempo para Lázaro.

Juan 11:5 nos dice que Jesús amaba a la familia; sin embargo, esperó intencionadamente, sabiendo el maravilloso milagro que Él haría unos días después. Para Marta y María, aquellos días fueron una agonía. Cuatro días después de la muerte de su hermano, Jesús apareció.

"Señor —le dijo Marta a Jesús—, si hubieras estado aquí, mi hermano no habría muerto. Pero yo sé que aun ahora Dios te dará todo lo que le pidas" (Juan 11:21-22). Tal libertad para hablar muestra que la relación de Marta con Jesús había seguido siendo cercana, a pesar de la anterior reprimenda. A pesar de la horrible situación, pues el cuerpo de su hermano había comenzado a descomponerse, la fe de Marta en que Jesús aún podía ayudar permaneció fuerte.

Jesús respondió vagamente, hablando sobre la resurrección. Marta no tenía duda de que su hermano estaría con Dios en el día final, pero estaba más interesada en el día actual que en el día final.

Jesús la alentó a tener fe, y la respuesta de ella: "Sí, Señor; yo creo que tú eres el Cristo, el Hijo de Dios, el que había de venir al mundo" (Juan 11:27), muestra el entendimiento que tenía de quién era Él; y de quién es.

Pero qué gran conmoción debió de haber sido cuando Jesús resucitó a su hermano de la muerte. El regocijo se mezcló con el asombro. Jesús había hecho precisamente lo que ella había pedido y, como resultado, ¡Él había hecho un milagro al que todo Israel prestaría oído!

Muchas de nosotras podemos vernos a nosotras mismas en Marta. Tenemos un gran deseo de servir a Dios, y nos abrimos al servicio; entonces nos enredamos en las pequeñas cosas que no significan mucho para el ministerio. Con esta mujer bien intencionada, Dios nos muestra dónde están las cosas importantes: en nuestra relación con Cristo, y no en el ajetreo de hacer cosas para Él.

Obviamente, Marta aprendió la lección. Cuando su hermano se puso enfermo, ella se centró en las cosas importantes; y su relación con Jesús se había convertido en una relación de profunda confianza. Ella no tuvo temor a pedirle lo único que realmente necesitaba: el regreso de su hermano a la vida terrenal. Y Jesús le dio exactamente eso.

¿Tenemos temor a pedirle a Él lo que realmente necesitamos? Quizá eso sea lo único que Él está esperando. Es una técnica que Marta recomendaría.

MARÍA MAGDALENA

Después de esto, Jesús estuvo recorriendo los pueblos
y las aldeas, proclamando las buenas nuevas
del reino de Dios. Lo acompañaban los doce,
y también algunas mujeres que habían sido sanadas
de espíritus malignos y de enfermedades:
María, a la que llamaban Magdalena,
y de la que habían salido siete demonios...
LUCAS 8:1-2

Qué avergonzada y hasta enojada podría sentirse María de Magdala si estuviera con nosotros en la actualidad. Ella sufre de una terrible reputación, aunque la Escritura no nos da razón alguna para creerlo.

Lo único que sabemos de su trasfondo es que, una vez que María Magdalena hubo sido sanada de una horrible plaga de demonios, siguió a Jesús fielmente, ayudando a sostener el ministerio con su propio dinero (ver versículo 3). Pero, de algún modo, quizá debido a su posesión demoníaca no muy normal o debido a la historia que está poco después de la mención a su nombre, la gente erróneamente la ha relacionado con Lucas 7:36-50, que nos habla de la prostituta que lavó con perfume los pies de Jesús.

Hasta que Jesús pasó por su lado, cuánto sufrió esta mujer, atormentada por espíritus malos que probablemente influenciaran su cuerpo, su mente y su espíritu. Aunque de algún modo ella puede que fuese una mujer acomodada (ya que podía permitirse apoyar el ministerio de Jesús), ¿qué significaba ese dinero si nadie podía sanarla? Qué bienvenido el alivio del toque de Jesús en su vida. Ella tenía muchas razones para sentir una profunda devoción hacia su Salvador.

Ya que el nombre de María aparece en primer lugar de la lista de las mujeres con las que está relacionada, quizá ella tuviera mayor estatura que las otras. Cualquiera que fuese su posición en la sociedad, ella desempeña un importante papel en la Escritura. Estaba allí, entre un pequeño grupo de mujeres, cuando Jesús fue crucificado (ver Mateo 27:56). Fue la primera en ver al Jesús resucitado, y ya que Juan nos relata la historia de las mujeres desde el punto de vista de ella, el discípulo debió de haber confiando mucho en su relato de los acontecimientos cuando escribió su Evangelio (ver Juan 20:1-18). Y las otras mujeres mencionadas en Mateo 28:1, Marcos 16:1 y Lucas 24:10 ciertamente respaldaron la descripción que ella hizo de los acontecimientos.

Aquel domingo tras la muerte de Jesús, mientras los discípulos varones seguían en la cama o quizá ocultándose de las autoridades romanas, las mujeres fueron al sepulcro para preparar el cuerpo. Ya que el día de reposo había terminado, ellas podían terminar las apresuradas tareas del viernes anterior (ver Marcos 16:1).

Qué sorpresa les esperaba en el sepulcro: ¡No había ningún cuerpo! Aunque las mujeres le habían seguido fielmente y habían escuchado su predicación, aquello estaba por encima de sus expectativas. Según indicaciones de los ángeles con quienes se encontraron en el sepulcro, las mujeres corrieron a buscar a los discípulos Pedro y Juan, quienes apenas podían creer su relato, pero fueron a comprobarlo por sí mismos.

Una vez que los discípulos se habían ido, sucedió lo más increíble. Dos ángeles se aparecieron a María Magdalena, que estaba sentada donde habían puesto a Jesús. Ellos le preguntaron por qué lloraba, y ella respondió que alguien se había llevado a su Señor.

Girándose, ella vio, pero no reconoció, a Jesús mismo. Cuando Él le preguntó por qué lloraba y qué buscaba, ella demandó saber dónde se habían llevado el cuerpo de Jesús. Pero en cuanto Él pronunció su nombre, María le reconoció. Jesús volvió a enviarla a los discípulos, llevando la gozosa noticia.

Por agradecimiento a la obra que Jesús había hecho en su vida, María pasó el resto de su vida en el servicio de Él. Mientras le seguía durante su ministerio, o corría a hablarles a los confusos discípulos de su experiencia, María siempre había tenido a Jesús en el centro de su existencia. Mientras otros dormían, ella quiso ocuparse de su cuerpo. ¿Es sorprendente que Jesús se apareciera primero a esta fiel mujer?

¿Buscamos también nosotras constantemente a Jesús en nuestras vidas? ¿O vive Él en un segundo plano, para recurrir a Él cuando sentimos que tenemos tiempo? Al igual que María, somos bendecidas cuando hacemos de Él el enfoque de nuestro ser. A medida que seamos más obedientes, nos sorprenderemos de la manera en que Él nos usa para ministrar a otros.

MARÍA DE BETANIA

Dicho esto, Marta regresó a la casa y,
llamando a su hermana María, le dijo
en privado: El Maestro está aquí y te llama.
Cuando María oyó esto, se levantó
rápidamente y fue a su encuentro.
JUAN 11:28-29

María es la hermana que escogió "lo mejor" (Lucas 10:42). Mientras su hermana, Marta, se ocupaba de hacer una cena especial, María se relajaba a los pies de Jesús y le escuchaba hablar. Mientras que Marta veía cuerpos siendo alimentados, el alma de María recibía sustento. Aunque una comida sería consumida en una hora, el alimento de María perduró por la eternidad.

Marta era una mujer fiel, pero María puede que hubiera tenido una devoción extra que pone aparte a algunas personas. Mientras otros se distraían con facilidad, ella sólo tenía ojos para Jesús.

Los eruditos sospechan que Marta era viuda, con una casa en la que sus hermanos menores vivían con ella. Sería natural, por tanto, que ella se ocupase de la organización de la cena. Uno podría entender, sin embargo, que si ella había dado indicaciones a sus sirvientes, regresara donde estaba Jesús para oír sus palabras. Pero nimias preocupaciones del hogar distrajeron a la hermana mayor mientras la menor hizo una elección más sabia.

La siguiente ocasión en que encontramos a estas hermanas, su hermano ha muerto. Aunque Jesús amaba a Lázaro profundamente, no respondió a una llamada de ayuda de María y Marta hasta que Lázaro llevaba en el sepulcro cuatro días. Mientras Lázaro estaba moribundo, cómo debieron de haber anhelado las hermanas la presencia de Jesús. Cuando Él llegó, las dos dijeron tristemente: "Señor, si hubieras estado aquí, mi hermano no habría muerto" (ver Juan 11:21, 32).

Pero no era que Jesús fuese insensible a las mujeres y a su hermano. Cuando María habló, Él quedó turbado. Él entendía el dolor de la muerte en las vidas humanas, y de camino a sepulcro, el Salvador lloró.

Qué gozo debió de haber llenado el corazón de María al ver que Jesús hizo regresar de la muerte a su hermano. Aunque la descomposición había comenzado a destruir a Lázaro, el Salvador de María restauró cada célula en el cuerpo de su hermano e hizo regresar su espíritu a él.

Debido a que muchos creyeron en Él aquel día, los celosos líderes judíos tramaron quitarle la vida a Jesús. Y de la manera en que el Espíritu obra a menudo, María fue más adelante inspirada a hacer algo para ayudar a la gente a entender que el Salvador vino para morir.

Seis días antes de la Pascua, cuando Jesús pasó por Betania de camino hacia Jerusalén, María hizo algo extraordinario que está registrado en tres de los Evangelios (Mateo 26:6-13; Marcos 14:3-9; Juan 12:1-8). Mientras Él cenaba en casa de Simón el leproso, María se acercó a Él con un jarro de fino alabastro que contenía nardo puro, un perfume muy caro. Como era la costumbre en aquella época, ella ungió a Cristo con el perfume, derramándolo sobre su cabeza y sus pies.

Al hacer eso, María había realizado la tarea de un sirviente. Comprar un perfume costoso, esperar ella misma a Jesús, y enjugar sus pies con su cabello mostró la humildad de ella. En tiempos de María, una mujer de su posición no se soltaba el cabello en público; pero ella estaba tan metida en su devoción, que hasta eso no parecía gran cosa. Ella estaba totalmente impulsada por el amor.

Cuando Judas intentó echar un jarro de agua fría sobre el hermoso acto, quejándose de que el dinero gastado en el perfume podría haber hecho mucho para ayudar a los pobres, Jesús defendió a María y relacionó su servicio con la inminente muerte de Él.

Toda mujer cristiana se hace la pregunta de si es una María o una Marta. Lo cierto sea probablemente una mezcla de ambas. No era que Marta no amase a Jesús; solamente necesitaba una corrección del curso cuando se quedó enredada en cosas menos importantes. A veces, también nosotras hacemos eso. Pero María nos recuerda que una casa limpia y alimentos de calidad de chef son menos importantes que nuestras relaciones, especialmente nuestra relación con Jesús.

¿Nos conformamos con las cosas buenas de este mundo y pasamos por alto asuntos espirituales más valiosos? Si no estamos edificando nuestra relación con Jesús, quizá nos hayamos convertido en Martas que necesitan andar al lado de María por un tiempo.

MARÍA, LA MADRE DE JESÚS

No tengas miedo, María;
Dios te ha concedido su favor —le dijo el ángel—.
Quedarás encinta y darás a luz un hijo,
y le pondrás por nombre Jesús.
LUCAS 1:30-31

María es seguramente la mujer más conocida de la Biblia. Hizo algo que ninguna otra persona pudo hacer: dar a luz y criar al Hijo de Dios: Jesús.

Esta joven campesina estaba comprometida con José cuando un ángel se le apareció para decir que ella daría a luz al Mesías. Anonadada, pero aun así mostrando fe, ella preguntó: "¿Cómo podrá suceder esto... puesto que soy virgen?" (Lucas 1:34). Aunque la noticia del ángel debió de haberla turbado, ella enseguida respondió: "Aquí tienes a la sierva del Señor... Que él haga conmigo como me has dicho" (Lucas 1:38).

Qué preguntas sin duda llenaban su mente. ¿Cómo le explicaría eso a José? ¿Qué pensarían los vecinos? ¿Cómo cambiaría su vida?

Pero el corazón de María era fiel a Dios, y ella aceptó la gloriosa misión de Él, la misión más íntima que una mujer podría tener. Su sacrificio de cuerpo y alma no tiene igual en la historia de los seres humanos.

Dios inmediatamente dio aliento a María por medio de su prima Elisabet, quien estaba embarazada de Juan el Bautista. Cuando Elisabet confirmó lo que el ángel había dicho, María alabó a Dios por su gran bendición. Ciertamente, Dios bendijo cada aspecto de su vida a medida que solucionó todas las cosas para la madre de su hijo: la explicación a José, el nacimiento y todos los problemas que siguieron. Toda su vida, María se aferró a las verdades de aquellos días, las cuales guiaron su fe.

¡Qué trabajo y deleite debió de haber sido criar al Salvador! Pero sabemos poco de ese periodo. La única mención a la niñez de Jesús, después de su nacimiento y su circuncisión, está en Lucas 2:41-52, cuando María y José perdieron al niño de doce años de edad en el templo. La pareja no siempre entendía a ese Hijo divino, pero lo criaron con fidelidad.

María llegó a ser parte del primer milagro de Cristo en la boda en Caná, porque ella señaló la necesidad y les dijo a los sirvientes que siguieran los mandamientos de Él. Pero desde ese punto en adelante, el Hijo de Dios siguió su santa misión, y María rara vez se vuelve a mencionar. Podemos imaginar la agonía que ella debió de haber sentido al oír que los líderes religiosos no aprobaban a Jesús. Lo que esta mujer campesina entendía, al menos en parte, aquellos hombres poderosos no lo captaron en absoluto: el Hijo de Dios estaba delante de ellos.

Cuando el ministerio de Jesús creció, María y sus otros hijos acudieron a Él para hacerle descansar de todo ello (ver

Mateo 12:46-50; Marcos 3:31-35; Lucas 8:19-21). La elección que hizo Jesús de aferrarse a la voluntad de Dios para Él, en lugar de apegarse a los lazos familiares, debió de haber preocupado a su madre.

A los pies de la cruz, María aparece de nuevo. En la primera visita de Él al templo, el profeta Simeón había profetizado que una espada atravesaría el alma de María (ver Lucas 2:35). Observar la muerte de Jesús, sin duda alguna le hirió como ninguna otra cosa podía hacerlo, pues ella le había dado su nacimiento terrenal. Pero aún desde la cruz, Jesús se ocupó de María y la puso al cuidado de su discípulo Juan. Ella pasó a vivir con él.

La última aparición de María se encuentra en Hechos 1:14, en el aposento alto con los discípulos y sus otros hijos. Aunque no hay duda de que ella tenía muchas preguntas, y aunque los medio hermanos de Jesús debieron de haberse maravillado de lo mucho que Él hizo, en nuestra última imagen de María y de su familia están unidos en la iglesia.

María no tuvo una vida fácil. No nació en una familia acomodada, como se podría haber esperado de la mujer escogida para dar a luz al hijo de Dios. Su reputación quedó destrozada por las circunstancias poco normales del nacimiento de su primer hijo. Pero en todo ello, ella meditaba en la revelación que se le había dado y siguió confiando en Dios. Y Él nunca la abandonó.

Qué maravilloso ejemplo es María para nosotras. ¿Nos entregamos por completo a nuestro Señor: cuerpo, alma y espíritu? ¿O nos retraemos cuando Él pide algo que parece "irrazonable"? María no lo hizo. Aunque, obviamente, ella tenía sus dudas, permaneció fiel al llamado de Dios para su vida. María se mantuvo firme durante el dolor, la duda y el temor. ¿Haremos nosotras algo menos que eso?

MICAL

Mical, la otra hija de Saúl, se enamoró de David.
Cuando se lo dijeron a Saúl,
le agradó la noticia.
1 SAMUEL 18:20

Cuando David aún no era nadie importante, Mical se enamoró de él. Debido a los éxitos de David, el padre de ella, el rey Saúl, le había dado un alto puesto en el ejército. Pero cuando este nuevo comandante ganó la victoria y la aclamación del pueblo, el rey se puso celoso. Para unir a David a él mismo, Saúl ofreció matrimonio con su hija mayor, Merab. Pero Saúl no mantuvo la promesa, y ella se casó con otro hombre.

Ahora bien, oyendo que Mical amaba a David, el astuto Saúl decidió utilizarla para entrampar al popular joven. Envió a David a la batalla, después de decirle a su yerno en potencia que el precio del matrimonio iba a ser cien prepucios de guerreros filisteos. Saúl pensó que los filisteos podrían ocuparse de aquella espina en su costado acabando con David.

Pero Dios defendió a David, quien regresó con el doble de prepucios requeridos. Saúl no tuvo otra opción sino casar a Mical con David. Al comprender que Dios favorecía a

David, el rey Saúl temió aún más a su yerno; por tanto, de nuevo tramó la muerte del joven. Pero Saúl cometió un error al hablarle del plan a su hijo Jonatán. Jonatán quería a David y le advirtió.

En las garras de un espíritu malo, Saúl trató de matar a David él mismo, lanzando una lanza en dirección a él mientras su yerno tocaba el arpa. Después de la huida de David, Saúl envió hombres para vigilar su casa.

Mical advirtió a David de que su padre lo mataría al día siguiente y ayudó a huir a su esposo por una ventana. Después ella puso un ídolo sobre su cama, cubriéndolo para que pareciera que era David durmiendo. Cuando los hombres de Saúl llegaron a buscar a su esposo, ella mintió, diciendo que David estaba enfermo. Acorralada en su engaño por su enojado padre, Mical mintió otra vez, diciendo que ella había dejado ir a David a fin de que no la matase.

Saúl siguió persiguiendo a David, e hizo que Mical se casara con otro hombre, Paltiel, hijo de Lais, (ver 1 Samuel 25:44). La Escritura no dice si Mical puso objeción al cambio de esposo. Mientras Saúl se mantuvo en el poder, ella siguió siendo la esposa de Paltiel. Pero David ganó fuerza, y cuando Abner, el comandante en jefe de Saúl, se puso de su lado, David demandó que Abner le llevase a Mical. Aunque su segundo esposo fue llorando detrás de ella, a ella la llevaron obligadamente a David. ¿Había muerto el amor de ella por David, o sencillamente estaba cansada de ser un instrumento político? La Biblia nunca nos dice eso.

Tener como esposa a la hija de Saúl le aseguraba su posición política, y David se convirtió en rey de todo Israel.

Pero quizá su actitud despótica había dañado la relación con Mical. Cuando él llegó a Jerusalén, llevando de nuevo allí el arca del pacto, David danzó delante de ella. Mical le vio desde una ventana, sin regocijarse por el regreso del arca, sino menospreciando a su esposo. Cuando él regresó al palacio, ella se encontró con él en la puerta, criticando sus actos supuestamente indignos. Ofendido, David le dijo que él estaba celebrando delante del Señor y que sería aún más indigno, si era eso lo que significaba adorar al Señor. Podemos suponer que el viril David no tuvo nada que ver con Mical después de eso, pues ella nunca tuvo hijos.

Mical tuvo una vida triste. Su padre y David la utilizaron para llegar a sus propios fines. Obviamente, tampoco ella era una santa, pues mentía fácilmente a su padre y tenía un ídolo a mano para meterlo en la cama de David. Pero no podemos culparla porque no le gustase su trato como peón en el juego político.

Las aflicciones personales de Mical surgían de su confuso estado civil. Recordemos que Dios toma muy en serio el matrimonio, pues representa la relación de Él con nosotros y no puede tomarse y soltarse cuando uno quiera. Quienes olvidan eso, pueden descubrir que sus relaciones resultan innecesariamente enredadas. La fidelidad de por vida a un esposo amoroso produce una verdadera recompensa en forma de éxito.

MIRIAM

Entonces Miriam la profetisa, hermana de Aarón,
tomó una pandereta, y mientras
todas las mujeres la seguían
danzando y tocando panderetas.
ÉXODO 15:20

Aunque ella tenía una importante tarea, Miriam no es nombrada en la primera referencia que la Escritura hace de ella. Éxodo 2:3-4 simplemente nos dice que Jocabed puso a su hijo Moisés en una cesta y permitió que su hija lo vigilase.

¿Puede haber duda de que Jocabed le hubiera dado detalladas instrucciones a su hija sobre qué hacer? Pero seguía siendo una difícil tarea. Mientras la joven Miriam guardaba a su hermano, ¿comenzó a aburrirse, o se mantenía nerviosa por el temor? ¿Cuánto tiempo fue necesario para que la princesa encontrase a Moisés? Sin embargo, Miriam esperó. Esta valiente muchacha se ocupó de la tarea que su madre le asignó y lo hizo a la perfección.

Cuando su hermano fue encontrado, Miriam, que observaba desde la distancia, se acercó y preguntó a la princesa egipcia si querría que ella encontrase un ama de cría para el niño. ¿Podía la princesa haber esperado a otra que no fuese la madre del niño? Sin embargo, aunque ella sabía que el bebé tenía que ser hebreo, la princesa no utilizó esa información contra Miriam o su madre. A pesar de lo valiente que había sido, qué agradecida debió de haberse sentido

Miriam porque no hubo problemas y porque su hermano menor estuviera a salvo.

Muchos años después, encontramos brevemente a Miriam como líder de alabanza, después del exitoso cruce del Mar Rojo. Y Éxodo 15:20 describe a Miriam como una profetisa. Aunque sus hermanos ostentaban las posiciones de profeta y sacerdote principales, ella también tenía un papel importante en la vida de fe de su pueblo. Dios le había dado un gran don para utilizarlo para beneficio de ellos.

Pero cuando Dios dio el don de profecía a setenta ancianos, Mirian y su hermano Aarón se pusieron celosos de la especial relación que Moisés tenía con Dios. Quizá sintieran que sus posiciones habían sido degradadas; por tanto, como muchas personas, comenzaron una discusión sobre un punto no importante: el matrimonio de Moisés con una mujer cusita. No está claro si era Séfora o una segunda esposa, pero la situación causó problemas para su hermano. Aun así, el manso Moisés no reaccionó con enojo; Dios sí. Delante de Moisés, Él confrontó a Miriam y Aarón con su pecado. ¿Por qué —les preguntó Él— no tenían temor de hacer eso a Moisés, con quien Él hablaba cara a cara? Entonces, de repente, Dios les dejó.

Cuando los hermanos se dieron la vuelta y miraron a Miriam, debieron de haberse quedado sorprendidos y aterrados. Ella estaba delante de ellos como leprosa, con su piel blanca. Inmediatamente, Aarón se arrepintió y pidió a Moisés que la sanase; y Moisés clamó a Dios. El Señor ordenó que durante una semana Miriam debería permanecer fuera del campamento, como alguien impuro. Ya que Miriam fue llevada de nuevo al campamento, sabemos que había sido sanada físicamente y espiritualmente. Porque no se habría permitido a nadie con lepra regresar a la comunidad, y las sanidades de Dios siempre afectan al espíritu al igual que al cuerpo.

Ya que fue ella la castigada, Miriam probablemente comenzase aquel problema; pero no debía de ser su comportamiento habitual, si es que el amor con que sus hermanos respondieron inmediatamente nos dice algo. Aarón confesó su pecado mutuo y buscó la sanidad de ella. Moisés enseguida acudió a Dios, colmando a su hermana de su propio perdón. Quizá el profeta recordara que, de niño, sin la ayuda de ella quizá no hubiera sobrevivido.

Miriam murió en Cades, según Números 20:1, y fue sepultada allí.

Ella fue una líder dotada por Dios que mantuvo una importante posición en su nación, y debió de haber guiado firmemente a su pueblo en la fe, aunque ella estaba lejos de ser perfecta. Dios dio a Miriam un lugar de autoridad, y ella lo utilizó mal durante un breve periodo. Su castigo también fue breve, así que ella debió de haber aprendido la lección.

Si estamos en posiciones de liderazgo, también podemos fallar. No juzguemos a Miriam, sino aprendamos de su error. Muchos años de fidelidad no nos blindan contra el pecado. Cada día, el maligno nos tienta. Solamente una constante vigilancia le mantiene fuera de nuestra puerta. Sin embargo, cuando nos acercamos a Jesús, podemos vivir fielmente para Él.

UNA MADRE RECOMPENSADA
POR SALOMÓN

*Tiempo después, dos prostitutas fueron a presentarse
ante el rey. Una de ellas le dijo:
Su Majestad, esta mujer y yo vivimos
en la misma casa. Mientras ella estaba allí conmigo,
yo di a luz, y a los tres días también ella dio a luz.
No había en la casa nadie más que nosotras dos.
Pues bien, una noche esta mujer se acostó
encima de su hijo, y el niño murió.*
1 Reyes 3:16-19

Esas mujeres no habían escogido sabiamente en su profesión, y no eran el tipo de personas con las que los judíos fieles querían estar. Pero, de algún modo, su caso llegó a la corte del rey, quizá porque era una decisión muy difícil. En poco tiempo, cada una de las mujeres había dado a luz a un hijo. Pero una mañana, uno de los bebés estaba muerto, y ambas mujeres reclamaban que el niño vivo era el suyo.

En la sabiduría de Dios, Salomón pidió una espada y ofreció resolver el problema dividiendo al niño que quedaba entre ellas. Una madre gritó que le dieran el niño a la otra, así que el rey le dio a ella el niño. Tal amor identificó a la madre amorosa, quien merecía tener el niño a su cuidado. Pero junto con la corte de Salomón, ella, sin duda, quedó sorprendida ante la capacidad del rey para discernir la verdad.

¿Te has sorprendido alguna vez por la manera en que la verdad de Dios obra en tu vida? Cuando las cosas parecen estar peor, Él interviene quietamente, y la vida es cambiada. De repente, ese espinoso problema se resuelve por un conocimiento que está por encima del que tú poseas.

LA CRIADA DE NAAMÁN

En cierta ocasión los sirios, que salían a merodear, capturaron a una muchacha israelita y la hicieron criada de la esposa de Naamán. Un día la muchacha le dijo a su ama: «Ojalá el amo fuera a ver al profeta que hay en Samaria, porque él lo sanaría de su lepra».

2 REYES 5:2-3

Esta criada sin nombre había sido arrebatada de su hogar y de todo lo que le era familiar por una intrusa banda de arameos. Ahora era la criada del comandante en jefe del ejército.

Pero nadie le había arrebatado su fe. Quizá su amo y su ama fueran amables con ella, porque cuando ella vio el dolor del hombre, tuvo una buena idea: Naamán debería ir al profeta Elías y buscar sanidad.

Desesperado, Naamán decidió aceptar su consejo. Tomó una carta de presentación del rey de Aram, escrita al rey de Israel, y llevó con él una pequeña fortuna en regalos. Cuando recibió la carta, el rey Joram de Israel temió que los arameos estuvieran en realidad tratando de provocar una guerra; pero

Eliseo demandó que le enviasen al hombre. Por sus actos, el profeta demostraría el poder de Dios en aquel extranjero.

El orgulloso Naamán fue a Eliseo, esperando ser tratado como una persona importante; pero el profeta pensó que la humildad le haría un mejor servicio a ese poderoso hombre, así que no salió a recibirle sino que le envió un mensaje: lavarse siete veces en el río Jordán.

Al principio, Naamán se negó, enojado porque el profeta no le hubiera tratado como él había esperado. Naamán hasta fue insultado porque los ríos en su propia tierra no fuesen considerados lo bastante buenos. Fueron necesarias algunas personas humildes —sus sirvientes— para convencer a Naamán de que se arriesgaba a seguir leproso, cuando podría ser sano. Cuando el comandante obedeció a Eliseo, fue sanado por completo, tanto físicamente como espiritualmente. Naamán regresó y confesó su fe a Eliseo, queriendo seguir a Dios en su propia tierra.

Aunque la criada había perdido su hogar y su libertad, siguió siendo un testigo para Dios. Mediante su sencilla sugerencia, un líder de los arameos acudió al Señor. ¿Quién sabe en qué tipo de testigo se convirtió él?

¿Somos nosotras testigos en las cosas sencillas de la vida cotidiana? ¿O están nuestras bocas cerradas por nuestra duda y nuestro temor? Al igual que la criada nada importante, necesitamos hacer la voluntad de Dios dondequiera que estemos. No seamos desalentadas por nuestro lugar en la vida, nuestros enemigos, o ninguna otra cosa. Dios utiliza a las personas más increíbles para servirle bien.

NOEMÍ

Entonces Noemí les dijo a sus dos nueras:
¡Miren, vuelva cada una a la casa de su madre!
Que el Señor las trate a ustedes con el mismo amor
y lealtad que ustedes han mostrado con los que
murieron y conmigo. Que el Señor les conceda hallar
seguridad en un nuevo hogar, al lado de un nuevo esposo.
Luego las besó. Pero ellas, deshechas
en llanto, alzaron la voz.
RUT 1:8-9

Noemí estaba atravesando tiempos difíciles, en una tierra extraña. El hambre había hecho que ella y su familia se mudasen a Moab. Entonces murieron su esposo y sus hijos, dejándola sólo con dos nueras. ¿Cómo podrían tres mujeres salir adelante en un mundo donde las mujeres no tenían exactamente opciones de carrera?

Noemí decidió sin egoísmo enviar a las mujeres jóvenes a sus propios países, donde probablemente encontrasen nuevos esposos. Se podría decir que las alentó en la mejor opción de carrera para las mujeres de aquella época.

Una de las mujeres, Orfa, aceptó la sugerencia de Noemí. Quizá sí encontró un buen esposo, pero la Escritura no lo dice. Cuando ella salió de la vida de Noemí, salió del relato bíblico.

Pero Rut se quedó con Noemí y se negó a irse. Quizá ella había visto algo en la fe de su esposo que no quería perder. Quizá ella creía en Dios y se sentía ligada a su suegra.

Cualquiera que fuese la razón, las dos regresaron a la tierra natal de Noemí en Belén. Cuando sus amigas la reconocieron, Noemí les dijo que no la llamasen por su nombre, que significa "amable", sino que la llamasen *Mara*, que se traduce como "amarga". La tristeza había abrumado el bondadoso corazón de Noemí hasta el punto de que se sentía afligida por Dios.

En lugar de seguir su derecho tradicional y apoyarse en un hombre de la familia de Noemí, las mujeres indigentes se las arreglaron por sí mismas. Durante el tiempo de la cosecha, la ley ordenaba a los dueños de tierras que no recogiesen absolutamente toda la cosecha (ver Levítico 23:22). Habían de dejar algo de grano en las orillas, para dar alimento a los pobres y los extranjeros. Así que la pobre y extranjera Rut se prestó voluntaria para recoger cebada para ella y para su suegra.

Pero Dios tenía un plan mejor. En una de esas "coincidencias" divinas, Rut se encontró espigando en los campos de Booz, un hombre rico que estaba relacionado con el esposo de Noemí. Booz había oído de la diligencia de Rut y de su cuidado de su suegra, así que ordenó a sus trabajadores que dejasen para ella un poco de grano extra y la cuidasen durante todo el día. Booz realizó su tarea de proteger a aquella mujer extranjera que entendía los requisitos del siervo de Dios.

Aquella noche, cuando Rut le habló a Noemí sobre ese día, la mujer reconoció a Booz como uno de sus redentores de familia, un hombre al que podían pedir que las rescatara. Cuando terminó la cosecha, Noemí decidió ayudar un poco a que hubiera romance, poniendo a Rut en el camino de Booz.

Noemí envió a su nuera a Booz, durante la época de la trilla, con un plan: Rut tenía que hablarle a Booz de su responsabilidad de ayudarlas. Y aquel generoso hombre sí las ayudó. Después de enterarse de su situación legal, se hizo responsable de las mujeres, aunque él no era su familiar más cercano. Quizá porque la admiraba mucho, se casó con Rut y también suplió para Noemí.

Siguiendo el mandato de Deuteronomio 25:5-6, el primer hijo de Rut, Obed, se convirtió en el heredero del primer esposo de Rut. Por tanto, la tristeza de Noemí se convirtió en alegría, y no quedó destituida en su ancianidad. Dios suplió para ella por medio de otra generación.

Aunque Noemí tuvo tiempos difíciles, Dios cuidó de ella. Rut puede haber parecido un apoyo improbable, pero ella fue fiel, y mediante la provisión de Dios, suplió bien para las dos.

Con el tiempo, ¿han cambiado tanto las cosas que nuestro Señor ya no cuida de su pueblo? ¡No! Él nunca promete vidas fáciles, sólo que Él se ocupará de nosotros. Aunque los caminos de nuestra vida puedan dar giros inesperados, no podemos ir a ninguna parte donde Él no pueda alcanzarnos.

Puede que nos sintamos desalentadas, pero no debemos tirar la toalla. ¿Quién sabe cuando una Rut o un Booz entrarán en nuestra vida y harán cosas maravillosas por nosotras? Siempre habrá un redentor familiar. Dios nunca olvida a ninguno de sus hijos; Él salva a cada uno de ellos.

LA ESPOSA DE NOÉ

Entonces entró en el arca junto con sus hijos,
su esposa y sus nueras, para salvarse
de las aguas del diluvio.

GÉNESIS 7:7

Dios fue a Noé con una misión de salvación: construye un arca, mete animales y a tu familia, y sean salvos.

Una tiene que preguntarse cómo oyó la señora de Noé de los futuros planes de su esposo. ¿Fue en el desayuno una mañana cuando él dijo: "A propósito, Dios dice que tengo que construir un arca, porque va a haber un diluvio"? Quizá su esposa se preguntase qué experiencia práctica tenía su esposo que le haría un buen constructor de barcos. ¿Y qué era un diluvio, de todos modos?

¿Se burlaron de él los vecinos de Noé por su proyecto de construcción del arca? Quizá sí; pero por lo que sabemos, su esposa nunca le desalentó para que no continuara. Quizá ella confiaba en su esposo porque había visto evidencia de la sabiduría que su fe le aportaba. Quizá ella caminase cerca de Dios también.

Ya sea que ella lo hubiera escogido o no, la señora de Noé se convirtió en parte de la misión de salvación de Noé. Ella tuvo que vivir en el arca por muchos meses, oliendo los terribles olores de los animales y tratando de mantener "la casa" en circunstancias imposibles. Debió de haber habido veces en que ella se preguntara cómo se metió en eso, y qué iba a ser de su familia. Una vida libre de estrés ciertamente no era parte de la experiencia del arca.

Sin embargo, llegó el día en que Dios mandó que todos salieran del arca. Noé preparó un sacrificio, y Dios prometió que tal destrucción no volvería a suceder nunca. Él bendijo a los miembros de la familia de Noé y les ordenó que se multiplicaran y cubrieran la tierra. Qué gozo debió de haber llenado la tierra a medida que los animales se dirigían hacia sus abrevaderos, cuevas y otros lugares favoritos.

A veces, al igual que la señora de Noé, nosotras terminamos siendo parte de una misión que no tiene nuestro nombre en ella. Cuando un esposo acepta un papel en el liderazgo de la iglesia, impacta a su esposa también. Cuando una iglesia decide abrir un nuevo ministerio, puede que nos encontremos metidas en una posición inesperada. ¿Cómo respondemos? ¿Apoyamos amablemente, o comenzamos a quejarnos? Las quejas nunca glorifican a Dios, pero el servicio voluntario —como la señora de Noé— siempre lo hará.

ORFA

Una vez más alzaron la voz, deshechas en llanto.
Luego Orfa se despidió de su suegra con un beso,
pero Rut se aferró a ella.

RUT 1:14

Orfa siempre será conocida como la mujer que dejó a su suegra cuando los tiempos eran difíciles. Pero para hacer justicia
a Orfa, ella tomó la que creyó que era la mejor decisión en
medio de una situación desgarradora.

Después de que murieran el esposo de Noemí y sus dos
hijos, sus nueras, Orfa y Rut, comenzaron a acompañar a
Noemí en su viaje de regreso a Israel. Pero cuando llegaron al
camino que las llevaría de regreso a la tierra de Judá, Noemí
comenzó a pensarlo mejor. Les dijo a sus nueras: "¡Miren,
vuelva cada una a la casa de su madre!… Que el Señor les
conceda hallar seguridad en un nuevo hogar, al lado de un
nuevo esposo" (Rut 1:8-9). Después de todo, Orfa y Rut no
eran israelitas, y Noemí no sabía lo que sucedería cuando
ella regresara a su tierra natal. Las dos jóvenes probablemente
tuvieran un futuro más seguro en su propio país de Moab,
donde podían casarse con mayor facilidad.

Después de sopesar sus opciones, Orfa aceptó el consejo
de su suegra. Puede que fuese o no fuese egoísta cuando hizo
esa elección; la Escritura no lo dice. Orfa simplemente tomó el
camino lógico, y demostrado por el tiempo, para una viuda y
buscó casarse de nuevo en su propia tierra. Cualquier persona

de su época habría visto el sentido de su decisión. Pero sin saberlo, al apuntar hacia la seguridad, Orfa perdió mucho.

Desde luego, no era seguro que Orfa encontrase un esposo cuando regresó a su casa. Quizá lo hiciera, pero la Escritura no lo dice. ¿Construyó ella finalmente una buena familia y disfrutó de la dicha matrimonial? Podría haber sucedido. Pero sin importar lo maravillosa que pueda haber sido su vida posterior, no podría comenzar a compararse con la de la fiel nuera de Noemí, Rut. Aunque ella no era israelita, Rut terminó casándose con un hombre maravilloso; y llegó a ser una de los antepasados del Mesías. Su fidelidad le proporcionó un lugar sin igual en la genealogía de Jesús.

A veces, la solución lógica a un problema no es la solución de Dios. Puede que Él nos pida que lo arriesguemos todo haciendo lo que parece ilógico. Cuando comenzamos a andar por ese camino, puede que nos asalten las dudas. Recordemos, sin embargo, que aunque nuestro caminar en fe pueda parecer arriesgado, es sólo porque lo vemos desde un punto de vista humano. Cualquiera que siga a Dios está rodeado por sus poderosas manos. ¿Qué puede dañar a un cristiano que ponga su total confianza en su Señor?

Orfa buscó la seguridad mundana. Rut buscó la seguridad de Dios. Mientras que una miró el mundo del presente, la otra obedeció a Dios y recibió un lugar especial en la eternidad. ¿Quién hizo la mejor elección?

PENINA

*Cuando llegaba el día de ofrecer su sacrificio,
Elcaná solía darles a Penina y a todos sus hijos e hijas
la porción que les correspondía. Pero a Ana le daba
una porción especial, pues la amaba a pesar de que
el Señor la había hecho estéril.*

1 SAMUEL 1:4-5

Penina era "la otra mujer" en el matrimonio de Elcaná y Ana. Pero en lugar de encontrarse secretamente con Penina, Elcaná la había llevado a su hogar como una segunda esposa. No que realmente la amase; probablemente sólo quisiera que ella tuviera los hijos que Ana parecía no poder concebir.

Aunque Elcaná amaba más a Ana, ella tenía que ver a esta otra mujer cada día y saber que compartía a su esposo. Y Penina tenía que saber que ella nunca sería tan querida como Ana. Aunque Penina tenía la bendición de los hijos de Elcaná, realmente no tenía su amor.

Elcaná hizo lo correcto con su segunda esposa, dándole lo que era requerido, pero no era tan generoso con ella como lo era con Ana. Sabiendo que ella siempre estaría en un segundo lugar, Penina respondió de una de las extrañas maneras en que las personas reaccionan cuando no se sienten queridas: trató de irritar su competición en cada oportunidad.

Desde luego, eso no iba a lograr ser querida por Elcaná, quien ciertamente habría deseado la paz; y claramente no se ganaba la amistad de Ana. ¿Pero podemos culparla por no querer compartir a su esposo? Cuán atrapada debió de haberse sentido en un matrimonio sin esperanza alguna. Aunque Penina tuvo los hijos y pasó su vida cuidando de ellos, siempre se sentiría como la segunda, infravalorada y vacía.

¿Qué mujer podría sentirse feliz en tal situación? Ya que la felicidad de sus hijos es importante para Dios, desde el principio Él diseñó el matrimonio como una relación entre un hombre y una mujer (ver Génesis 2:24). Los patriarcas que trataron de cambiar ese plan pagaron el precio por su pecado. La Escritura nunca da un ejemplo de un trío felizmente casado.

Este tipo de matrimonio no funcionó en la época de Elcaná, y tampoco funcionará en la nuestra. Por eso Dios nos llama a todos a ser fieles a un cónyuge, tanto en cuerpo como en espíritu. A veces eso requiere una inmensa cantidad de paciencia; pero, como descubrió Elcaná, la espera bien podría demostrar ser el mejor camino. Porque, después de un tiempo, Dios permitió que Ana también tuviera hijos. ¡Imagina la tristeza que esta familia podría haberse evitado si el esposo hubiera confiado en Dios y hubiera esperado los hijos en el tiempo de Dios!

Resistamos la tentación de rediseñar el matrimonio. Dios sabe cómo estamos hechos y provee para nuestras necesidades. Encontrar satisfacción en el matrimonio produce una paz que múltiples relaciones nunca pueden proporcionar.

PÉRSIDA

Saluden a Trifena y a Trifosa, las cuales
se esfuerzan trabajando por el Señor. Saluden
a mi querida hermana Pérsida,
que ha trabajado muchísimo en el Señor.

ROMANOS 16:12

No pensamos muchas veces en Pablo teniendo una querida amiga. Timoteo, Silas, y otros hombre podrían estar cerca de él, pero apenas pensamos en la relación del apóstol con las mujeres. Quizá hasta pensamos que no le gustaban mucho.

Pero cuando Pablo enumeró a quienes trabajaban mucho en la iglesia en Roma, añadió el nombre de Pérsida y palabras de mucho elogio. Aunque sus discípulos hacían grandes esfuerzos, ¿dónde les da él tales elogios?

No sabemos lo que hizo Pérsida para edificar la iglesia en Roma. ¿Dio testimonio de manera incesante a sus amigos? ¿Sufrió profundamente bajo la persecución? ¿Enseñó a los jóvenes de la congregación? Pablo no lo dice. No sabemos nada de sus pruebas y tribulaciones. Unas pocas palabras simplemente nos hablan de su duro trabajo.

Actualmente, cuando trabajamos diligentemente en el Señor, ¿lo hacemos para obtener atención y afirmación? ¿O nos agradaríamos si nadie supiese qué papel desempeñamos para hacer avanzar el reino de Dios?

En la eternidad conoceremos a muchos creyentes que edificaron la iglesia de Dios. ¿Son ellos menos importantes porque nadie los elogió? Las recompensas de Dios en el cielo no defraudarán a nadie; hasta dar un vaso de agua fría recibirá su recompensa. ¿Estamos contentas con esperar la nuestra?

LA SUEGRA DE PEDRO

Cuando Jesús salió de la sinagoga, se fue a casa
de Simón, cuya suegra estaba enferma
con una fiebre muy alta. Le pidieron a Jesús
que la ayudara, así que se inclinó sobre ella
y reprendió a la fiebre, la cual se le quitó.
Ella se levantó en seguida y se puso a servirles.
LUCAS 4:38-39

En los tiempos anteriores a los antibióticos y otros medicamentos muy eficaces, una enfermedad mortal a menudo iba precedida por una elevada fiebre. Por tanto, cuando su suegra fue afligida con fiebre, no es sorprendente que Simón, a quien Jesús más adelante llamó Pedro, llamase al Maestro.

Los discípulos habían visto los milagros de sanidad de Jesús; pero ahora, la confianza de Simón en el Maestro le condujo a invitar a Jesús a su propia casa, para sanar a un familiar. Jesús, en control de toda enfermedad, reprendió a la fiebre, la cual inmediatamente se fue de esta mujer que es conocida sólo por su relación con Simón. Ella debió de haber sentido rápidamente el cambio, ya que se levantó enseguida para servir a Jesús y a cuatro de sus discípulos: Santiago y

Juan, y Simón y su hermano Andrés (ver Marcos 1:29). Esa recuperación instantánea de salud impactó muchas vidas en estos pocos versículos.

Hemos visto a Jesús hacer muchos milagros, sanidades corporales, corazones y espíritus sanados mediante su toque bondadoso. ¿Nos alienta esto a servir inmediatamente y con fidelidad? La suegra de Pedro tenía la idea correcta: servir a Jesús es nuestra alabanza por todo lo que Él ha hecho por nosotros.

FEBE

Les recomiendo a nuestra hermana Febe,
diaconisa de la iglesia de Cencreas.
Les pido que la reciban dignamente en el Señor,
como conviene hacerlo entre hermanos en la fe;
préstenle toda la ayuda que necesite,
porque ella ha ayudado a muchas personas,
entre las que me cuento yo.
ROMANOS 16:1-2

Ya que era común en época de Pablo que un escritor introdujera al portador de un mensaje a quienes lo recibían, Febe bien pudo haber llevado su carta a los Romanos. Ella había viajado a Roma desde Cencreas, un puerto cerca de Corinto, quizá debido a algunos negocios propios.

Ella era una diaconisa, y también generosa, a juzgar por la aprobación de Pablo. Ella no había aprovechado la tarea para promover su propia posición en la iglesia. Era activa, ayudando a quienes estaban cerca de su órbita. Aunque eso puede haber incluido a las mujeres de la iglesia en Cencrea, incluso líderes como Pablo se beneficiaron de su ministerio.

¿Somos nosotras como Febe, dando generosamente de nuestro tiempo y energía a la iglesia? ¿O preferimos dejar que otros realicen el trabajo? Dios no busca a quienes simplemente le aceptan y se quedan sentados en una cómoda silla. Ayudar a otros es un gran servicio a Él, como atestigua Pablo. ¿Recibiremos tal prestigio de Jesús cuando nos encontremos con Él en la eternidad?

LA ESPOSA DE PILATO

Mientras Pilato estaba sentado en el tribunal,
su esposa le envió el siguiente recado:
«No te metas con ese justo, pues por causa de él,
hoy he sufrido mucho en un sueño».
MATEO 27:19

Aunque puede que ella no haya sido creyente, Dios utilizó a la esposa de Pilato para advertir al gobernador romano de que estaba a punto de cometer un grave error al juzgar a Jesús. En la mañana temprano, cuando Pilato estaba a punto de comenzar el juicio, llegó el mensaje de ella para él.

Aunque Pilato tenía dudas sobre la culpabilidad de Jesús, parece haber ignorado el mensaje que llegó desde su casa.

Aun la preocupación de su esposa que testificaba de la inocencia del Mesías, un tipo de último intento por llegar al gobernador, fue puesta a un lado por los asuntos de momento. Pilato condenó injustamente a Jesús a morir.

Quizá la esposa del gobernador no se sorprendiera de que él no considerase el sueño que ella había tenido, pero había intentado con valentía hacer lo correcto. Quizá eso le ayudó a ella a vivir con los resultados del juicio.

¿Podemos nosotras con valentía defender la verdad, aun cuando nadie parezca dispuesto a escuchar? Si es así, sigamos los pasos de esta mujer. Aunque otros puedan ignorarnos, nosotras habremos sido una voz por Dios. ¿Estamos dispuestas a hablar?

LA ESPOSA DE POTIFAR

José tenía muy buen físico y era muy atractivo.
Después de algún tiempo, la esposa de
su patrón empezó a echarle el ojo y le propuso:
Acuéstate conmigo… Y por más que ella
lo acosaba día tras día para que se acostara con ella
y le hiciera compañía, José se mantuvo firme en su rechazo.
GÉNESIS 39:6-7, 10

Potifar no se había casado con una mujer tímida y retraída. Ella daba órdenes a los esclavos a voluntad, aun si era irse con ella a la cama. Siempre conseguía lo que deseaba; y ahora quería a José.

Ella probablemente fuese una de esas mujeres que veía el sexo como entretenimiento. En una vida bastante aburrida, podía llenar sus horas con hombres. Y con José a cargo y Potifar que no se preocupaba por nada sino por su propia comida, quizá su esposo la descuidase a ella. No sintiéndose querida, ella tomaba a cualquier hombre que pudiera conseguir. ¿Por qué no al apuesto esclavo José, que estaba fácilmente a su alcance?

Pero José era diferente. Él prefería obedecer a Dios, y quizá recordase el tiempo en que su hermana Dina fue violada; y el horror y los problemas que aquello causó. Como seguidor de Dios, José honraba el matrimonio; y, en términos prácticos, él probablemente quisiera evitar los problemas que encontraría si su amo descubría tal coqueteo.

La esposa de Potifar se propuso ser la perdición de José. Cuando él no quiso acostarse con ella, ella lo acusó de violación. Pero al final, y de modo irónico, los actos de ella finalmente llevaron a José hasta la segunda posición en todo Egipto. Él obtuvo autoridad sólo un poco menor que la de Faraón.

Aunque este esclavo sufrió por su postura, Dios bendijo a José de manera que nadie pudo haber imaginado. No tenemos registro alguno de que él utilizase esa autoridad contra su acusadora o contra su esposo. José finalmente entendió que Dios había estado detrás de todo ello.

No se dice nada más de la esposa de Potifar. Si ella continuó en ese estilo de vida, sin duda fue infeliz. Después de aquello, su esposo puede que la observase con más atención. O quizá la dejase a un lado por completo.

Esta mujer sin nombre nos advierte que el sexo no es un juego. José pudo haber cedido a sus demandas porque, como esclavo, podía sufrir por su desobediencia a su ama. Pero él se mantuvo firme y, debido a ello, Dios le otorgó una gran responsabilidad. Aquellos en quienes se puede confiar en su vida sexual también son confiables cuando tienen elevadas posiciones.

¿Habría querido alguien a la esposa de Potifar en una posición de gran autoridad?

PRISCILA

*Saluden a Priscila y a Aquila, mis
compañeros de trabajo
en Cristo Jesús. Por salvarme la vida, ellos arriesgaron
la suya. Tanto yo como todas las iglesias
de los gentiles les estamos agradecidos.*
ROMANOS 16:3-4

La Biblia nunca habla de Priscila (también llamada Prisca) sin mencionar a Aquila, y viceversa. Ellos son un equipo, como los saleros de sal y pimienta. Pero la sal que ellos esparcían eran las Buenas Nuevas.

¿Cómo arriesgaron sus vidas Priscila y Aquila por Pablo? No lo sabemos. Pero tenemos algunos detalles sobre su fuerte liderazgo en la iglesia primitiva. Hechos 18 cuenta su reunión con el apóstol y parte de la obra que ellos hacían en la iglesia; pero no habla de una conversión, así que esta pareja judía puede que ya hubiera creído cuando se encontraron con el apóstol.

A excepción de una ocasión, el nombre de Priscila aparece primero, haciendo que algunos eruditos piensen que ella podría haber tenido más estatura según el mundo que su esposo. Sin importar quién pensase el mundo que era más importante, Priscila y Aquila emprendían juntos cada misión.

Desde Corinto, donde se habían reunido con Pablo, esta pareja de Asia Menor fue a Éfeso con él. En 1 Corintios 16:19 vemos que ellos se quedaron allí y establecieron una iglesia en su hogar. El apóstol dejó esa iglesia en manos capaces.

Cuando Apolos pasó por la ciudad, predicando algo menos que todo el evangelio, Priscila y Aquila lo tomaron y le enseñaron sobre la resurrección y el bautismo del Espíritu Santo. Debieron de haber sido exitosos en su enseñanza, ya que la iglesia en Éfeso apoyó a Apolos cuando se trasladó a Acaya, dándole una carta de presentación para los creyentes de allí. Ellos nunca habrían enviado a un falso maestro a otra iglesia.

En Hechos y en las epístolas, sólo tenemos incitantes destellos de las vidas de esta pareja, pero parecen haber sido un verdadero equipo matrimonial, trabajando juntos para la extensión del evangelio. Pablo los llama "colaboradores", así que no hay duda de que ellos difundieron las Buenas Nuevas en su ciudad y dondequiera que iban. En cada lugar donde él los menciona, habla muy bien de Priscila y Aquila y de su trabajo.

Si estás casada, ¿formas un equipo espiritual con tu esposo? Si no estás casada, ¿quieres casarte con alguien con quien puedas colaborar en la fe? Priscila y Aquila muestran a todo creyente lo maravillosa que puede ser tal colaboración. ¿Qué es más fuerte que dos personas unidas en Cristo, trabajando para hacer avanzar su reino? Nada.

LA MUJER DE PROVERBIOS 31

Mujer ejemplar, ¿dónde se hallará?
¡Es más valiosa que las piedras preciosas!
Su esposo confía plenamente en ella
y no necesita de ganancias
mal habidas. Ella le es fuente de bien, no de mal,
todos los días de su vida. Anda en busca de lana y de lino,
y gustosa trabaja con sus manos. Es
como los barcos mercantes,
que traen de muy lejos su alimento.
Se levanta de madrugada,
da de comer a su familia y asigna tareas a sus criadas…
Decidida se ciñe la cintura
y se apresta para el trabajo.
PROVERBIOS 31:10-15, 17

Qué mujer tan intimidante es ésta. ¡Hace parecer a la mujer de carrera de la actualidad una absoluta perezosa! Sin embargo, ni siquiera hemos llegado al final de su descripción.

Muy bien, quizá ella no sea una mujer real, sino un retrato de lo que la fiel creyente puede hacer cuando es capacitada por Dios. Una buena esposa tampoco podría lograr todas esas cosas en un mismo día. (Tiene que dormir de vez en cuando; va a necesitarlo, con todas esas tareas que tiene por delante.) Quizá ni siquiera las haga todas ellas en el mismo año; pero nos da un cuadro de lo que significa ser una mujer cristiana.

Lee hasta el final de Proverbios 31, y sabrás dónde dice Dios que emplees tus esfuerzos. También aprenderás que Él no tiene nada en contra de una mujer que dirija un negocio, que combine muchas tareas, y siga amando a su familia.

¿Quién es esta mujer? Podrías ser tú.

LA REINA DE SABÁ

La reina de Sabá se enteró de la fama de Salomón,
con la cual él honraba al Señor, así que fue
a verlo para ponerlo a prueba con preguntas difíciles.
1 REYES 10:1

Noticias de la sabiduría de Salomón habían llegado a un país en el suroeste de Arabia, conocido por su comercio con India y su gran riqueza (ver Salmo 72.15; Isaías 60:6). La reina de Sabá probablemente quisiera consultar a Salomón sobre asuntos de comercio, pero quizá las noticias de la agudeza de él le hicieran visitarlo en persona en lugar de enviar a un representante. Ya que ella llevó muchos regalos caros, obviamente quería impresionar al rey de Israel.

Aun lo mejor que Sabá tenía para ofrecer se quedó corto ante la corte de Salomón, porque la reina quedó abrumada. Cuando ella lo elogió, la reina tocó la razón de sus bendiciones de bienes y de mente: "En su eterno amor por Israel, el Señor te ha hecho rey para que gobiernes con justicia y rectitud" (1 Reyes 10:9).

¿De dónde viene la verdadera sabiduría? No de la educación, o de la posición, o de ninguna otra cosa de origen humano. Esta reina probablemente pagana lo entendió: solamente Dios puede dar una mente que entienda tanto.

Aunque puede que nunca rivalicemos con el entendimiento de Salomón, Dios también nos dará sabiduría. Como la reina de Sabá, simplemente necesitamos buscarla.

RAQUEL

Lea tenía ojos apagados, mientras que Raquel
era una mujer muy hermosa. Como Jacob
se había enamorado de Raquel, le dijo a su tío:
Me ofrezco a trabajar para ti siete años,
a cambio de Raquel, tu hija menor.
GÉNESIS 29:17-18

Jacob hizo lo que mamá quería: buscó una mujer de su propio pueblo con la que casarse. A petición de su padre, viajó hasta el hogar de su tío Labán y buscó una de las hijas de Labán como esposa.

En un pozo cercano al hogar de Labán, Jacob conoció a Raquel la pastora y dio agua a su rebaño. Sin duda, ¡quería impresionar a aquella hermosa mujer! Y logró precisamente eso. Raquel regresó a su casa y le habló a su padre sobre el hijo de su hermana.

Un mes después, Jacob estaba profundamente enamorado.

Para asegurarse a su esposa, prometió trabajar para Labán durante siete años, "pero como estaba muy enamorado de ella le pareció poco tiempo" (Génesis 29:20).

Al final de aquellos siete años, hicieron una celebración de boda. Pero aquella primera noche Labán engañó a su sobrino llevando a su hija Lea a la cama de su nuevo yerno. Jacob no descubrió el engaño hasta la mañana. Enojado con Labán, siguió demandando a la mujer que amaba.

El padre de Raquel le prometió a Jacob entregársela como segunda esposa, preparando una terrible situación para todos los implicados. Raquel, sin duda, se sintió utilizada por la duplicidad de su padre y traicionada por su hermana. Después de todo, por siete años todo el mundo había sabido del amor que Jacob sentía por ella. Y ahí estaba la vergüenza de todo ello. Esas emociones abrumaron a Raquel toda su vida.

Pero Jacob seguía amando más a Raquel. Cuando comenzaron su vida matrimonial, ella debió de haber sentido la promesa de su amor, solamente para verla negada cuando no llegaba ningún bebé. La gran pasión de Jacob y Raquel no daba el fruto que parecía tan necesario para la felicidad de una mujer.

En cambio, Lea tenía los hijos. Y cuantos más hijos tenía, más esperaba Lea que su esposo la amase. Pero, después de cuatro hijos, nada había cambiado en su vida emocional. Jacob seguía amando a Raquel, y también Lea se sintió traicionada.

Siguiendo los pasos de Sarai, la amada pero enojada y celosa Raquel entregó a su sirvienta, Bilhá, a Jacob para que tuviese hijos en lugar de ella. Raquel puso por nombre al segundo hijo de Bilhá *Neftalí*, que significa "mi lucha". Raquel proclamó: "He tenido una lucha muy grande con mi herma-na, pero he vencido" (Génesis 30:8). Obviamente, la armonía familiar no vivía en aquellas tiendas.

Lea, viendo que Bilhá estaba teniendo hijos, hizo lo mismo que Raquel, entregando a su sirvienta, Zilpá, a Jacob. Por tanto, nacieron dos hijos más a esta infeliz familia. Entonces Lea tuvo otros tres hijos, incluyendo a la única hija de Jacob. Finalmente, Dios se acordó de Raquel, y ella dio a luz a José, quien un día llegaría a estar en segunda posición sólo detrás de Faraón.

Jacob quería regresar a su tierra natal. Por un tiempo, Labán le convenció para que se quedara ofreciendo a Jacob lo que él quisiera. Cuando Jacob hubo formado un rebaño muy grande, sin embargo, huyó, con la buena voluntad de sus esposas. No había nada que les atase a su hogar. Labán los siguió, buscando los dioses familiares que Raquel había ocultado en su tienda. Él no los encontró, ya que Raquel estaba sentada sobre ellos, diciendo que no podía levantarse porque estaba "con la costumbre de las mujeres" (Génesis 31:35, RV-60). Después de que Labán, el padre engañador, hubiera sido engañado él mismo, Jacob y su familia siguieron su camino.

Jacob se estableció en Betel, donde Raquel tuvo un segundo hijo. Pero poco después de su nacimiento, ella murió. Aunque ella había pedido que le pusieran por nombre *Ben-Oni*, "hijo de mi trabajo", Jacob le puso el nombre más positivo de *Benjamín*, "hijo de mi diestra".

Raquel y su hermana criaron a los hijos que comenzaron las doce tribus de Israel. Aunque las vidas de Raquel y Lea fueron mucho menos que tranquilas, Dios mantuvo su promesa de hacer de Israel una gran nación.

Al igual que estas dos mujeres, puede que experimentemos dificultades debido a la decisión de otros; pero Dios siempre tiene el control, planeando cosas que nosotras aún no hemos visto. Si Raquel hubiera sabido que tendría dos hijos, ¿habría comenzado la competición por bebés con su hermana? Quizá si ella hubiera esperado, habría tenido otros cuatro hijos, para formar esas doce tribus. Nunca lo sabremos.

Pero lo que sí sabemos es que siempre podemos confiar en nuestro Señor. Nadie hace descarrilar sus planes.

RAJAB

Luego Josué hijo de Nun envió secretamente, desde Sitín,
a dos espías con la siguiente orden:
«Vayan a explorar la tierra, especialmente Jericó».
Cuando los espías llegaron a Jericó, se hospedaron
en la casa de una prostituta llamada Rajab.
JOSUÉ 2:1

¿Mesonera o prostituta? Los eruditos han pensado cuál de las dos cosas era Rajab, ya que la palabra que se utilizó aquí para "prostituta" podría traducirse de las dos maneras. Es probable que esta mujer de Jericó dirigiese una posada y ofreciese a los huéspedes un segundo servicio adicional.

Cualquiera que fuese su moralidad sexual, Rajab no tuvo problema en mentir sobre los hombres de Josué cuando el rey de Jericó le pidió que sacase a los dos espías israelitas de los que había oído hablar. Bien preparada, Rajab ya había ocultado a los israelitas en su azotea, bajo montones de lino que se estaban secando. En lugar de dirigir a los oficiales del rey al piso de arriba, les dijo que los hombres se habían ido de la ciudad antes de que las puertas se cerrasen para la noche. Por tanto, los hombres del rey emprendieron una búsqueda que sería en vano.

¿Había oído Rajab cosas tan maravillosas sobre el Señor que comenzó a comprender lo vacía que se había vuelto una vida de prostitución? Ya que ella sabía bastante sobre Josué y su pueblo —y estuvo dispuesta a poner su vida en peligro por ellos—, debió de haber llegado a la fe antes de que los dos hombres llamasen a su puerta.

Rajab fue valiente, dispuesta a ayudar a aquellos espías, y fiel en llevar a cabo sus instrucciones. Aunque ella debió de haber tenido miedo al daño que Josué y su pueblo podían causar, se unió a la suerte de aquellos hombres. Lo único que ella pidió fue que su familia fuese salvada. Los hombres estuvieron de acuerdo enseguida, así que, utilizando una cuerda, ella los bajó por la ventana. Quizá los espías habían escogido su casa con eso en mente, pues estaba en los muros de la ciudad, un lugar conveniente para dos hombres que querían irse a escondidas. Ellos de inmediato obedecieron las instrucciones de Rajab de "dirigirse a las montañas".

Antes de irse, los espías hicieron prometer a Rajab que no le diría a nadie hacia dónde se dirigían. A cambio, ellos serían fieles a su promesa y salvarían a su familia. Pero ella tendría que reunir a toda su familia y colgar una cuerda escarlata por la ventana que ella había utilizado para dejarlos escapar.

Cuando los hombres del rey dejaron de buscarlos, los dos

espías regresaron a Josué y le dijeron lo que Rajab les había dicho: el pueblo estaba aterrorizado ante la llegada de los israelitas. Ella tenía razón, porque en cuanto los israelitas cruzaron el Jordán, los cananeos perdieron el valor. Jericó cerró sus puertas, y nadie entró ni salió.

Cuando los muros se derrumbaron por el poder de Dios, Josué envió a los dos espías para cumplir su promesa y salvar a Rajab y a su familia. Después de su rescate, los llevaron a un campamento fuera del campamento de Israel. Como los recién llegados habían participado en una religión pagana, Israel necesitaba asegurarse de que ellos hubieran dejado atrás su pasado antes de permitirles entrar en el campamento.

Rajab se convirtió en una de las pocas mujeres mencionadas en el linaje de Jesús (ver Mateo 1:5). Puede que ella no hubiera tenido un trasfondo perfecto, pero era una mujer cambiada. Cuando esta anterior prostituta demostró su fe, todos pudieron verlo. Hebreos 11, el capítulo de la fe, la enumera entre muchos de los grandes santos de la Biblia (ver versículo 31). Santiago 2:25 nos dice que Rajab fue justificada por sus actos.

La fe no es sólo una cuestión de asentimiento mental o una potente experiencia espiritual. Nuestros actos muestran dónde está nuestro corazón. Y el corazón de Rajab estaba, sin duda, con Dios.

¿Demostramos nosotras nuestra fe tan claramente como esta ex-prostituta? ¿Mostrarán nuestros actos de lado de quién estamos en la batalla entre el cristianismo y la incredulidad? Al igual que Rajab, necesitamos ser valientes, dispuestas, y fieles en hacer la voluntad de Él. ¡Nunca sabemos cuándo Dios puede enviar a alguien a nuestra puerta!

REBECA

Luego Isaac llevó a Rebeca a la carpa de Sara,
su madre, y la tomó por esposa.
Isaac amó a Rebeca, y así se consoló
de la muerte de su madre.
GÉNESIS 24:67

Qué maravilloso es el romance entre Isaac y Rebeca. Él la amaba tanto que ella fue su única esposa. En una época de poligamia, el amor de ellos debió de haber sobresalido del de sus vecinos.

Aun antes de conocerse, Dios obró para que naciese su amor. Abraham envió a su sirviente principal a un viaje. Este padre que se interesaba temía la influencia de las cananeas paganas y quería lo mejor en el matrimonio para su hijo; por tanto, un sirviente viajó hasta la tierra natal de Abraham para encontrar una esposa para Isaac.

Recorriendo el desierto con camellos que llevaban regalos, el hombre se acercó a la ciudad de Nacor. Allí encontró a la hermosa y generosa Rebeca, que le dio de beber a él y se ofreció a dar de beber a los camellos. Cuando él descubrió que su padre era hermano de Abraham, el fiel sirviente adoró a Dios. ¡*Esa* era la mujer correcta!

Rebeca invitó al hombre a la casa de su padre, Betuel. Allí se decidió enseguida que Rebeca debería ser la esposa de Isaac. Junto con su niñera, Rebeca viajó para conocer a su nuevo esposo.

Incluso si Isaac no sintió amor a primera vista, no fue necesario mucho tiempo para que se enamorase de esta hermosa mujer. La llevó a la tienda de su madre, se casó con ella, y la amó. Al igual que fue el caso con muchas mujeres de la Biblia, no habría un rápido embarazo y nacimiento. Pero después de que Isaac orase, Dios finalmente dio a Rebeca no un hijo, sino gemelos.

La expresión "embarazo fácil" no fue parte del vocabulario de Rebeca durante esos nueve meses. Los niños luchaban dentro de ella, y Dios le dijo que tenía dos naciones en su vientre. Una sería más fuerte que la otra, y la mayor serviría a la menor.

Rebeca dio a luz a dos hijos. El primero era pelirrojo y velludo, así que fue llamado *Esaú*, que significa "velludo". El segundo hijo agarró el talón de su hermano, así que le pusieron *Jacob*, o "agarra el talón". Esaú se convirtió en cazador, mientras que Jacob se convirtió en un niño casero. Un día, el hambriento Esaú vendió su primogenitura como hijo mayor de Isaac por un guiso rojo de lentejas.

Cuando el hambre tocó su país, Isaac se trasladó a la tierra de los filisteos. Como Rebeca era tan hermosa, él temió que los hombres de aquella tierra le matasen para conseguirla, así que Isaac la llamaba su hermana. Cuando el rey Abimélec descubrió el engaño, le dio una fuerte reprimenda, y entonces protegió a Isaac. Más adelante, el rey Abimélec le dijo a Isaac: "Aléjate de nosotros, pues ya eres más poderoso que nosotros" (Génesis 26:16).

Por tanto, Isaac se fue, estableciéndose finalmente en Berseba. Esaú, mientras tanto, se casó con dos mujeres hititas, causando tristeza a la familia.

Cuando Isaac era viejo y ciego, quiso bendecir a Esaú como su primogénito, pero Rebeca conspiró con Jacob para obtener esa bendición para el hijo más joven. Pasando por alto la promesa de Dios de que su hijo favorito tendría el lugar de importancia, ella ayudó a Jacob a engañar a su esposo ciego. Rebeca preparó un cabrito para cenar, y Jacob lo llevó a su padre fingiendo ser Esaú. Jacob recibió la bendición, pero a un precio muy alto. Tuvo que huir de la ira de Esaú y nunca volvió a ver a su madre.

No sabemos lo que Rebeca estaba pensando cuando fraguó esta trama. ¿Falló su confianza en Dios? Quizá; o quizá pensase que estaba ayudando a la voluntad de Dios. De cualquier modo, sin duda no fue su cena más exitosa.

Una mujer de fe no es juzgada por un acto aislado, sino por toda su vida. Rebeca, hermosa y generosa en su juventud, se convierte en una mujer intrigante que hará cualquier cosa para ver beneficiarse a su hijo favorito.

Dios nos llama a ser coherentemente fieles, a correr bien la carrera completa. Cuando somos jóvenes, con el mundo por delante, puede que pensemos que no podemos hacer nada mal. Pero se necesita carácter y una profunda fe para edificar un testimonio coherente durante toda una vida. Los momentos difíciles y las dudas llegan, pero quienes recuerdan las promesas de Dios y se aferran a ellas nunca caen.

Dios camina a nuestro lado, al igual que caminó con Rebeca. Si ella hubiera buscado la voluntad de Dios antes de cocinar aquel cabrito, las cosas habrían sido muy diferentes.

RODE

Llamó a la puerta de la calle, y salió
a responder una sierva llamada Rode.
Al reconocer la voz de Pedro, se puso tan contenta
que volvió corriendo sin abrir.
¡Pedro está a la puerta! —exclamó.
HECHOS 12:13-14

Qué alegría se vio en la cara de Rode cuando vio al apóstol Pedro a la puerta de su señora. Pedro, ¡que sólo minutos antes había estado encerrado en una cárcel romana! Dichosa por su liberación, Rode se apresuró para decírselo a María, la madre de Juan Marcos. Pero había olvidado abrir la puerta, así que Pedro pacientemente siguió llamando.

Cuando Rode contó la noticia a los cristianos que estaban reunidos en casa de María, no obtuvo la respuesta esperada. Ellos básicamente respondieron: "¡Estás loca!" Cuando ella no cedió, ellos decidieron que debía de ser su ángel. Sólo cuando lo vieran por sí mismos, creerían el testimonio de esta sencilla sirvienta. Pedro entró y relató la historia de su milagrosa liberación por un ángel, los instó a hablarles a otros de su liberación, y entonces se fue.

Aunque muchos de rango más elevado dudaron del testimonio de ella, la humilde Rode permaneció firme. Incluso hacer que lo comprobaran por sí mismos fue difícil, pero su persistencia tuvo éxito. ¿Necesitamos nosotras la misma persistencia en nuestra propia fe? Quienes dudan pueden llegar a creer si nosotras nos mantenemos firmes.

RUT

Pero Rut respondió: ¡No insistas en que te abandone
o en que me separe de ti! Porque iré adonde tú vayas,
y viviré donde tú vivas.
Tu pueblo será mi pueblo, y tu Dios será mi Dios.
RUT 1:16

Ella no era judía, sino que pertenecía a un pueblo pagano. No tenía nada en este mundo que ganar y todo que perder; sin embargo, Rut se aferró a su suegra y se negó a regresar a su tierra natal cuando Noemí partió para su propia tierra de Israel.

Rut, su cuñada Orfa, y Noemí habían visto morir a sus esposos. Ahora, sin nadie que se ocupase de ellas y sin carrera alguna con la que ganarse la vida, las cosas se veían muy negras. Sin embargo, cuando Orfa se fue, Rut permaneció firme. Si ella tenía que afrontar tiempos difíciles, no lo haría sola.

Quizá el esposo de Rut y su familia hubieran sido testigos tan excelentes de su fe que Rut no quería perder a este Dios al que ellos adoraban. Por sus actos en el libro que lleva su nombre, es probable que ella ya fuese creyente. O quizá simplemente amaba a Noemí lo suficiente para no alejarse. Pero Rut era una mujer de carácter que siguió a su suegra en circunstancias difíciles; y salvó a ambas de la completa destitución.

Juntas, las mujeres viajaron a Belén, donde Noemí declaró su aflicción a una de sus anteriores vecinas. Pero la vida que parecía tan difícil no iba a terminar en tragedia, porque sus fieles familiares acudirían en su ayuda.

La primera entre ellos fue Rut, quien enseguida salió a trabajar recogiendo las sobras de la cosecha de cebada. Dios ordenó a los dueños de tierras que dejasen parte del grano para los pobres, y Rut no era demasiado humilde para unirse a otros y recoger lo que podía para sostenerse a ella misma y a Noemí. Tal como Dios (y no la suerte) quiso, ella terminó recogiendo grano en los campos de Booz, que era pariente del esposo de Noemí, Elimelec.

La diligente mujer destacó ante Booz, y él ordenó a sus sirvientes que la cuidasen, asegurándose de que tuviese suficiente grano. Le dijo a Rut que permaneciese cerca de sus sirvientas por protección; hasta le dijo que compartiese la comida y el agua de sus obreros.

Humilde, Rut se preguntaba por qué sería él tan generoso. Booz respondió que había oído lo que ella había hecho por Noemí. Pero este rico propietario, que era un pariente lo bastante cercano para ser un redentor familiar, estaba a punto de hacer aún más por las mujeres.

Un redentor familiar era responsable de proteger a los familiares que tenían necesidad. En el caso de Noemí, su pariente más cercano no podía actuar; por tanto, Noemí le dijo a Rut que fuese a la era y se tumbase a los pies de Booz, una manera de pedirle que se casase con ella. Tocado por la disposición de Rut a casarse con un hombre más mayor, y al recordarle que él era un pariente lo bastante cercano como para ser el redentor familiar, Booz adoptó ese papel. Él se ocupó de los trámites legales y anunció que se casaría con Rut. Tras haber recibido la bendición de los ancianos sobre su proposición a una moabita que había sido tan fiel a Noemí, cumplió su promesa.

El hijo de Booz y Rut, Obed, se ocuparía de Noemí en su ancianidad; pero más que eso, él se convertiría en el abuelo del rey David. Aún más estupendo, llegó a ser parte del linaje del Mesías.

La de Rut es la historia de una mujer incrédula que llegó a la fe, una mujer pobre que fue abundantemente bendecida, una mujer que fue redimida por alguien que representa lo que el Salvador hace por todos los que acuden a Él en fe. Rut fue liberada de la necesidad física y espiritual.

El Señor que rescató a Rut sigue rescatándonos en la actualidad. ¿Tenemos necesidad física, espiritual o emocional? Dios nos bendecirá si tenemos el carácter para aferrarnos a Él. ¿Tenemos dudas sobre nuestro futuro? Él no nos ha olvidado. Aunque por un tiempo podamos recoger grano, Él no nos dejará quedándonos vacías. Porque Jesús, nuestro redentor familiar, se casó con nosotras cuando acudimos a Él. Él nunca nos dejará ni nos abandonará.

SALOMÉ, LA MADRE DE
JACOBO Y DE JUAN

Entonces la madre de Jacobo y de Juan, junto con ellos,
se acercó a Jesús y, arrodillándose, le pidió un favor.
—¿Qué quieres? —le preguntó Jesús.
—Ordena que en tu reino uno de estos dos hijos míos
se siente a tu derecha y el otro a tu izquierda.

MATEO 20:20-21

Al combinar Marcos 15:40 y Mateo 27:56, sabemos el nombre de la esposa de Zebedeo. Su esposo y sus hijos, Jacobo y Juan, dirigían lo que debió de haber sido un amplio negocio familiar de pesca, ya que Zebedeo había contratado a hombres que trabajaban para él (ver Marcos 1:20), y Simón también colaboraba con ellos (ver Lucas 5:10).

Salomé tenía una vida bastante cómoda. Y con dos buenos hijos, ¿qué más necesitaba?

Cuando Jacobo y Juan de repente dejaron sus redes y siguieron a Jesús, debió de haber sido una sorpresa para Salomé y su esposo; pero probablemente no fuese un punto de disensión en la familia. Puede que ella estuviera orgullosa de que sus hijos estuvieran con el Maestro.

Obviamente, Salomé quería que sus maravillosos hijos "avanzasen" no sólo en la tierra, sino también en la eternidad. Por eso pidió lugares clave para ellos en el reino de Él. Pero Jesús no podía prometer eso. Ella debió de haber sido humillada por su negativa, pero eso no dañó su fe; ella es una de las mujeres que estuvo en la crucifixión y la resurrección de Cristo (ver Marcos 15:40; 16:1).

Salomé tuvo una buena vida con algunos giros inesperados en el camino. Pudo haberse enojado cuando sus hijos dejaron el negocio familiar, pero, obviamente, los apoyó. Tampoco el enojo arruinó su fe cuando Jesús redirigió sus deseos alejándolos de la grandeza para sus hijos.

Al igual que Salomé, necesitamos aceptar los cambios que Dios hace en nuestras vidas y obedecer su voluntad. Entonces podemos encontrar gran gozo en la vida que Dios diseña para nosotras; su plan puede ser maravilloso, por encima de nuestras expectativas.

SALOMÉ, LA BAILARINA

En el cumpleaños de Herodes, la hija
de Herodías bailó delante de todos;
y tanto le agradó a Herodes
que le prometió bajo juramento darle
cualquier cosa que pidiera.
MATEO 14:6-7

Josefo, no la Escritura, registra su nombre, pero la Biblia nos habla de su nefasto acto. A petición de su madre, Salomé pidió la muerte de Juan el Bautista; mamá Herodías tenía un interés personal en Juan, quien públicamente había condenado su matrimonio con Herodes.

En el cumpleaños de su padre adoptivo, Salomé hizo una danza erótica delante de él y de sus invitados. Agradado, Herodes le ofreció cualquier cosa que ella quisiera. Quién sabe lo que la joven Salomé habría pedido por sí misma; fue idea de su madre pedir la cabeza de Juan el Bautista en una bandeja. Al rey no le gustó la idea, pero ya que había hecho una promesa y ella lo había pedido en público, sintió que tenía que cumplirla. Por tanto, Juan perdió literalmente su cabeza.

Aunque su petición pudo haber agradado a su madre, este horrible regalo no fue de mucha utilidad para Salomé. Y, sin duda, los invitados no agradecieron que su cena quedase tan desconcertada.

De Salomé aprendemos a pedir sabiamente las cosas que queremos. Lo que nosotras deseemos puede cambiar la vida de otra persona; el deseo de ella puso fin a la existencia de Juan. Salomé apenas habría sido recordada si no hubiera hecho ese acto tan malvado. ¿Queremos nosotras ser recordadas por nuestra peor petición?

LA MADRE DE SANSÓN

Manoa… tenía una esposa que no le había dado hijos
porque era estéril. Pero el ángel del Señor se le apareció
a ella y le dijo: «Eres estéril y no tienes
hijos, pero vas a concebir
y tendrás un hijo. Cuídate de no beber vino
ni ninguna otra bebida fuerte, ni tampoco comas
nada impuro, porque concebirás y darás a luz un hijo.
No pasará la navaja sobre su cabeza, porque
el niño va a ser nazareo, consagrado a Dios
desde antes de nacer. Él comenzará a librar
a Israel del poder de los filisteos».

JUECES 13:2-5

Esta mujer sin nombre no es la única en la Escritura que esperó mucho tiempo para tener un hijo y después tuvo un hijo importante. La madre de Sansón, sin embargo, recibió el mandato extra de no beber nada fermentado ni comer nada impuro. Porque Sansón había de ser un nazareo.

Él haría un voto especial de dedicación a Dios (ver Números 6:1-21), el cual el ángel bosquejó a su madre. Aunque muchas personas hacían un voto nazareo que duraba solamente un tiempo, Sansón fue dedicado a Dios desde el momento de su concepción, porque este muchacho comenzaría la liberación de Israel de los filisteos.

La madre de Sansón entendió el favor que Dios había mostrado al enviarle el ángel a ella y después a su esposo.

Dedicados a Dios, esta pareja debió de haber criado a Sansón con la promesa de Dios constantemente en su mente, si es que el interés de Manoa por la educación de su hijo es una indicación (ver Jueces 13:8-14).

A medida que crecía, Dios bendecía a Sansón, y un día su Espíritu avivó al joven, capacitándolo para su misión. Ojalá Sansón hubiera continuado como empezó. Porque aunque llegó a ser juez de Israel, no permaneció apartado para Dios, al menos no en su vida romántica. Se casó con una filistea, contra el deseo de sus padres, y cuando su matrimonio fracasó, se enredó con Dalila, que le condujo al pecado y finalmente a su muerte.

Aunque su madre debió de haberse lamentado por los fracasos morales de Sansón, Dios siguió siendo fiel. Aun en aquellas situaciones tan inverosímiles, Sansón comenzó la liberación de Israel. Aunque esclavo de los filisteos, Sansón destruyó el templo de sus enemigos y mató también a muchos de ellos.

¿Conoces a alguna mujer cristiana que haya observado con dolor a un hijo alejarse del Señor de su niñez, haciendo que se pregunte qué podría haber hecho mal ella a lo largo del camino? En nuestro mundo lleno de pecado, ningún padre es perfecto; y tampoco lo son los hijos. Pero Dios puede obrar todas las cosas para bien, a pesar de la tristeza de las malas elecciones por ambos lados. Su plan nunca puede ser destruido, aun por un niño rebelde o una madre menos que perfecta.

SAFIRA

*Un hombre llamado Ananías también vendió
una propiedad y, en complicidad con su esposa Safira,
se quedó con parte del dinero y puso
el resto a disposición de los apóstoles.*

HECHOS 5:1-2

No podemos engañar a Dios. Pero Ananías y Safira tuvieron que aprender esa lección por el camino difícil. El camino realmente difícil.

En una época en que la iglesia era perseguida, muchos creyentes, como Bernabé, (ver Hechos 4:36-37), daban generosamente, desde el corazón. Pero los avariciosos corazones de Ananías y Safira combinaron su deseo de dinero con un deseo de que en la iglesia pensasen bien de ellos. Ya que ellos se resistían a perder toda su inversión, juntos tramaron un atajo para vender parte de su propiedad y dar el dinero a la iglesia; sólo que no *todo* el dinero.

Cuando Ananías habló a la iglesia de su donativo, Pedro, impulsado por el Espíritu Santo, confrontó al engañador con su mentira. No fue que Pedro tuviera objeción a que no diese todo el dinero a la congregación; lo que enojó a Pedro fue la mentira de Ananías de que *había* dado todo el dinero, cuando en realidad se había quedado con una parte. Esa mentira, señaló el apóstol, no estaba dirigida hacia los hombres sino hacia Dios.

Cuando las palabras de Pedro llegaron a sus oídos, el

hombre engañador murió. Los jóvenes de la iglesia se acercaron e inmediatamente se ocuparon del entierro de Ananías.

Tres horas después, llegó Safira. Pedro le preguntó el precio que ella y su esposo habían obtenido por el terreno. De su propia boca salió el fraude que ella y Ananías habían acordado. Pedro demandó: "¿Por qué se pusieron de acuerdo para poner a prueba al Espíritu del Señor? —le recriminó Pedro—. ¡Mira! Los que sepultaron a tu esposo acaban de regresar y ahora te llevarán a ti" (Hechos 5:9).

Safira también murió en ese instante, y la congregación la enterró cerca de su esposo. Como resultado del ejemplo de esta pareja, toda la iglesia tuvo temor a hacer el mal.

No queremos seguir los pasos de Safira, sino el de los cristianos que aprendieron de su lección. Safira quería *parecer* buena, pero no *ser* buena. Como aquella iglesia primitiva, necesitamos tener temor y evitar hacer el mal. Porque aun si mentimos y no morimos de inmediato, una pequeña parte de nosotras sí muere: nuestro espíritu disminuye un poco cada vez que hacemos el mal.

Claro que podemos recibir perdón, pero es mucho mejor no pecar. Entonces es cuando somos buenos testigos de nuestro Salvador, y nueva vida —no muerte— comienza.

SARA

Yo la bendeciré, y por medio de ella te daré un hijo.
Tanto la bendeciré, que será madre de naciones,
y de ella surgirán reyes de pueblos.
GÉNESIS 17:16

Dios prometió levantar una gran nación de una pareja que aún no tenía hijos, y prometió darles toda la tierra de Canaán como posesión para siempre. Por loco que eso pueda haber sonado, el esposo, Abram, y su esposa, Sarai, creyeron a Dios y, con su séquito, partieron para Canaán, la tierra prometida de Dios.

Después de haber estado allí un tiempo, llegó una hambruna, y Abram y Sarai se fueron a Egipto. Temiendo que los egipcios lo matasen para conseguir a su hermosa esposa, Abram pidió a Sarai que le permitiese llamarla su hermana. Eso era parcialmente verdad —ella era hija de su padre con otra mujer—, pero Abram no mencionó que ella era también su esposa.

Después de notar la sorprendente belleza de Sarai, Faraón la llevó a su palacio. Como respuesta, Dios afligió al gobernador egipcio y a su casa con enfermedades. Cuando Faraón descubrió el motivo, llamó a Abram y le expulsó junto con su esposa de Egipto.

Abram regresó a Canaán, donde Dios de nuevo le prometió tierra, que sería heredada por muchos descendientes. Pero Sarai, que tenía al menos sesenta y cinco años, aún no había tenido ni un sólo hijo.

A medida que pasaba el tiempo, Abram comenzó a preguntarse: "¿Pero dónde está este niño, Señor?" ¿Sería un sirviente quien se convertiría en su heredero? Dios prometió otra vez un hijo e hizo un pacto con Abram.

No es difícil imaginar las dudas que llenaban los pensamientos de la pareja. Pasaba el tiempo. Sus mejores años para la reproducción habían pasado, y no había ningún hijo a la vista. Por tanto, Sarai decidió generar un hijo por medio de su esclava, Hagar. El bebé sería considerado de Sarai, y quizá la promesa de Dios se cumpliría. Muy mal que ella no consultase a Dios antes de hacer esa elección, porque estaba llevando una gran angustia a su vida familiar.

Cuando Hagar se quedó embarazada, Sarai debió de haber comprendido que ella misma era la culpable de la incapacidad de ella y Abram para tener hijos. Las partes reproductoras de Abram estaban claramente funcionando. Cuando Hagar concibió, despreció a su señora. A cambio, Sarai trató a la sirvienta tan mal que Hagar huyó. Solamente la intervención de Dios le hizo regresar al campamento.

Después del nacimiento de Ismael, el hijo de Hagar, Dios confirmó su pacto con Abram y le puso por nombre *Abraham*. Sarai sería llamada *Sara*. Una vez más, Dios prometió que Sara tendría un hijo, y que sería la línea del pacto. Un año antes del nacimiento, tres misteriosos hombres aparecieron y prometieron a Abraham que Sara tendría un hijo. Sara, escuchando desde su tienda, se rió de la idea.

Antes de que naciera su hijo Isaac, Abraham demostró que no había aprendido ni una sola lección. Regresó al Neguev y dijo otra vez que Sara era sólo su hermana. Y de nuevo, un rey —esta vez de Gerar— la tomó. Pero Dios protegió a su pueblo, acercándose en un sueño para advertir a Abimélec de su mal sin intención. Por tanto, Sara fue enviada de nuevo a su esposo, junto con muchos regalos, para cubrir la ofensa.

Finalmente, en su ancianidad, Sara y Abraham tuvieron a Isaac. Pero Hagar y su hijo se pusieron celosos, así que Sara demandó que se fuesen. Dios le dijo a Abraham que siguiera el deseo de su esposa. La línea que Él había prometido era de Isaac, no de Ismael, aunque también él se convertiría en una gran nación.

Entonces llegó una gran prueba de fe. Dios ordenó a Abraham que sacrificase a este hijo de la promesa. La Escritura no menciona a Sara cuando relata este acontecimiento. Quizá ella no lo descubriera hasta después del hecho, cuando su hijo estaba a salvo. Pero podemos fácilmente imaginar sus emociones en la situación: el temor, la duda, y las preguntas fueron sustituidos por la certeza de la salvación de Dios.

Sara vivió hasta los 127 años de edad. Cuando murió, Abraham pidió a los heteos un sepulcro para ella, y ellos le ofrecieron el mejor que había disponible. Él compró un lugar escogido cerca de Mamre para su tan amada esposa.

Ella no era perfecta, pero su Dios sí lo era. Aun después de que Sara cometiera un trágico error de juicio y tratara de tener un hijo de la manera equivocada, Dios confirmó sus promesas. Y Él la elogia en 1 Pedro 3:6, así que podemos suponer que ella era una mujer de verdadera fe, quien, bajo un estrés real, tuvo un fracaso moral.

Al igual que Sara, no tenemos que ser perfectas para que Dios nos ame. Él ha escogido hacer eso, y no cambiará.

SIFRÁ

Había dos parteras hebreas, llamadas Sifrá y Fuvá,
a las que el rey de Egipto ordenó:
—Cuando ayuden a las hebreas en sus partos, fíjense
en el sexo: si es niño, mátenlo; pero
si es niña, déjenla con vida.
ÉXODO 1:15-16

Dos parteras parecen personas poco probables para participar en la desobediencia civil, pero eso es justamente lo que las valientes Sifrá y su compañera de trabajo, Fuvá, hicieron cuando Faraón demandó que matasen a los niños hebreos. Debido a que ellas temían a Dios más que al gobernador de Egipto, permitían vivir a los niños; y le dijeron al gobernador que las mujeres daban a luz antes de que ellas estuvieran. ¿Se sintieron culpables las dos mujeres por su mentira y la confesaron a Dios? Él sí las bendijo por su postura, a pesar de que habían hecho mal.

Ya que dos mujeres nunca habrían podido ayudar a dar a luz a todos los hijos de las hebreas, aquellas dos mujeres probablemente estuvieran a cargo de todas las parteras hebreas. Tenían una importante responsabilidad, pero más aún, entendieron su responsabilidad ante Dios. Cuando tuvieron que desobedecer a alguien, ellas buscaron el bien de su alma antes que sus elevadas posiciones; por tanto, Dios las recompensó y "les concedió tener muchos hijos" (Éxodo 1:21).

¿Hay algunas cosas en nuestras propias vidas que valga la pena defender, sin importar cuál sea el costo? Perder un empleo o una importante posición en la comunidad podría ser mejor que ofender a Dios. ¿Nos pondremos al lado de Sifrá o de Faraón?

LA MUJER SUNAMITA

Un día, cuando Eliseo pasaba por Sunén,
cierta mujer de buena posición le insistió que
comiera en su casa. Desde entonces, siempre que
pasaba por ese pueblo, comía allí.

2 Reyes 4:8

Su hospitalidad podría parecer poca cosa, pero debido a que ella dio generosamente al profeta, la mujer sunamita vio suceder cosas increíbles en su vida.

Su ministerio comenzó cuando le sirvió a Eliseo una comida. Después, él se detenía en ese lugar siempre que viajaba por allí; por tanto, la mujer decidió preparar un cuarto para que el profeta se quedase.

Esta hospitalidad obviamente significaba mucho para Eliseo, quien quiso darle a ella algo a cambio. Cuando le preguntó, esta humilde y próspera mujer no admitió tener ninguna necesidad; pero el sirviente del profeta, Giezi, señaló que ella no tenía hijos. Por tanto, el profeta prometió que, en un año, Dios le daría un hijo.

Quizá ella hubiera perdido la esperanza de tener un hijo de su anciano esposo, o quizá hubiera habido abortos. Ella objetó: "No, mi señor... No engañe usted a su servidora" (2 Reyes 4:16). Quizá anteriores desengaños llenasen su corazón de duda. Pero un año después, tal como el profeta prometió, ella sostenía un bebé en sus brazos.

Un día, cuando el muchacho fue a unirse a su padre y a los segadores, comenzó a tener dolor de cabeza. Los sirvientes llevaron al muchacho con su madre, quien lo sostuvo en su regazo hasta que murió.

Esta fiel mujer, sin siquiera hablarle a su esposo de la muerte de su hijo, pidió un asno y viajó para ver a Eliseo. Eliseo inmediatamente envió a Giezi, pero nada de lo que el sirviente hizo revivió al muchacho. Entonces acudió Eliseo, oró, y se tumbó él mismo sobre el muchacho, quien revivió al instante.

Más adelante, el profeta advirtió a la mujer que se mudase para evitar una hambruna que habría en su tierra; por tanto, ella y su familia partieron para Filistea. Cuando regresaron, el esposo ya no vivía, y la sunamita acudió al rey para suplicarle que le devolviera su casa y sus tierras. Cuando acudió a él, Giezi acababa de terminar de relatarle su historia al rey. Ella recibió inmediatamente todo, hasta los ingresos que su tierra había producido durante los siete años en que ella estuvo fuera.

Dios bendice a sus siervos fieles, aun cuando su servicio pueda parecer pequeño. Al igual que la sunamita, puede que nosotras proporcionemos algún servicio pequeño pero esencial que haya ayudado a hacer avanzar el evangelio en los corazones de otras personas. ¿Olvidará Dios nuestra fidelidad y no nos recompensará? ¡Nunca! Mira las grandes bendiciones que obtuvo la sunamita por su hospitalidad.

SÍNTIQUE

Ruego a Evodia y también a Síntique
que se pongan de acuerdo en el Señor.
Y a ti, mi fiel compañero, te pido que ayudes
a estas mujeres que han luchado a mi lado en la obra
del evangelio, junto con Clemente y los demás
colaboradores míos, cuyos nombres
están en el libro de la vida.

FILIPENSES 4:2-3

Quizá Síntique se enzarzó en una discusión con Evodia acerca de cómo deberían ayudar a los pobres de Filipos, o quizá ella pensaba que la cocina de la iglesia debería pintarse de un color distinto. No tenía por qué ser un tema importante el que comenzase su desacuerdo, pero claramente afectaba a toda la congregación.

Los cristianos fieles no siempre están de acuerdo. A veces, sus preferencias personales no están en perfecta armonía, y eso puede causar estrés y contención. No significa que ninguna de las dos partes haya abandonado la fe; pero todos los creyentes necesitan "acordar estar en desacuerdo en amor", como dijo Juan Wesley. Sus preferencias personales no deberían causar daño al evangelio.

Cuando tienes una diferencia de opinión con otro creyente en tu congregación, ¿lo manejas en amor, o se convierte en una oportunidad para que ambos se peleen? No tiene por qué encantarte todo lo que hagan tu hermano o tu hermana;

simplemente acuerda con esa persona que, en Cristo, ambos trabajarán juntos para su reino y no para sus propios objetivos personales.

LA MUJER SIROFENICIA

De hecho, muy pronto se enteró de su llegada una mujer que tenía una niña poseída por un espíritu maligno, así que fue y se arrojó a sus pies. Esta mujer era extranjera, sirofenicia de nacimiento, y le rogaba que expulsara al demonio que tenía su hija.
MARCOS 7:25-26

Aunque Jesús estaba tratando de alejarse de las multitudes, una mujer gentil desesperada lo siguió, se postró a sus pies, y suplicó ayuda. De manera decepcionante, Jesús respondió: "No fui enviado sino a las ovejas perdidas del pueblo de Israel" (Mateo 15:24). Sin embargo, aun así ella persistió en pedirle ayuda para su tan amada hija.

Pero Jesús objetó, diciendo: "no está bien quitarles el pan a los hijos y echárselo a los perros" (Marcos 7:27).

Ella podría haberse enojado por ser comparada con un perro, pues los perros no gozaban de favor en la sociedad judía. En cambio, esta humilde mujer asintió, pero señaló que ella no estaba pidiendo mucho: hasta los perros comen las migajas de la mesa del amo. La fe y la determinación de esta madre no sólo obtuvieron la sanidad de su hija, sino que ella se convirtió en un anticipo del mensaje de salvación que Pablo llevaría a los gentiles.

Cuando afrontamos desafíos de fe, ¿permanecemos tan firmes como esta mujer sin nombre? Aunque el éxito parezca dudoso, ¿confiamos en Dios en lugar de confiar en nuestras propias capacidades? Si es así, al final, disfrutaremos también de la bendición de Dios.

TAMAR, LA NUERA DE JUDÁ

Entonces Judá le dijo a su nuera Tamar:
«Quédate como viuda en la casa de tu padre, hasta que
mi hijo Selá tenga edad de casarse».
Pero en realidad Judá pensaba que Selá podría morirse,
lo mismo que sus hermanos.
Así que Tamar se fue a vivir a la casa de su padre.
GÉNESIS 38:11

El suegro de Tamar, Judá, pensaba que ella era una maldición contra sus hijos. Ella se había casado con sus dos hijos mayores, sucesivamente, porque la costumbre de la época era que un segundo hijo diera a la viuda de su hermano mayor un hijo como heredero. Sin embargo, los dos hijos de Judá eran malvados, así que Dios se ocupó de que muriesen. Tamar, sin embargo, se llevó la culpa.

Cuando se trató de casar a su tercer hijo con Tamar, Judá se resistió. En cambió, le envió a ella a su familia y solamente le *prometió* a Selá. Pasó el tiempo, y el matrimonio nunca se produjo. Por tanto, Tamar ideó un plan.

Fingiendo ser una prostituta, Tamar sedujo al incauto Judá. Ya que llevaba el rostro cubierto, él nunca la reconoció como su nuera. Como promesa de pago por los servicios que estaban a punto de proporcionarse, Tamar pidió que Judá dejase en posesión de ella su sello, su cinto y su vara. Judá se los entregó y durmió con ella.

Su relación acabó en embarazo. Tres meses después, aún totalmente inconsciente de su propio papel en la situación, le dijeron a Judá que su nuera estaba embarazada. Él demandó que Tamar fuese quemada por prostitución. Fue entonces cuando ella le enseñó las pertenencias que él había dejado a la "prostituta".

Cuando supo que él era el padre, Judá admitió que había perjudicado a Tamar y que la causa de ella era justa. De aquella unión Dios dio a Tamar gemelos.

Dios tuvo compasión de Tamar y le dio los hijos que la sostendrían, ya que su suegro no lo había hecho. Aunque sus métodos fueron incorrectos, su causa no lo era; y Dios la ayudó.

También nosotras podemos contar con la ayuda de Dios cuando la busquemos rectamente. Pero, a diferencia de Tamar, no olvidemos obedecer también las leyes de Él.

TAMAR, LA HIJA DE DAVID

Pasado algún tiempo, sucedió lo siguiente.
Absalón hijo de David tenía una hermana muy bella,
que se llamaba Tamar; y Amnón, otro hijo de David,
se enamoró de ella. Pero como Tamar era virgen,
Amnón se enfermó de angustia al pensar que
le sería muy difícil llevar a cabo sus
intenciones con su hermana.

2 SAMUEL 13:1-2

Lo que Amnón llamaba amor era pura lujuria. Solamente fue necesario el susurro de un falso consejero para que el joven comenzase una trama que condujo a su destrucción.

Siguiendo el consejo de ese consejero, él fingió estar enfermo. Entonces Amnón le pidió a su padre que Tamar fuese a su casa y le preparase comida. Por tanto, ella fue y horneó pan; aunque no era pan lo que el medio hermano de Tamar quería en realidad. Él le dijo a solas que durmiese con él.

Llena de horror, la virtuosa Tamar trató de advertirle del peligro de su deseo; pero cuando no pudo persuadirla, Amnón la violó. Inmediatamente, su culpabilidad se convirtió en ira, y la expulsó de su casa. Afligida, Tamar puso cenizas sobre su cabeza y se rasgó los vestidos, indicando lo que le había sucedido. Entonces se dirigió a casa de su hermano Absalón, donde encontró consuelo y apoyo.

Ya que el rey David no hizo nada con respecto al mal causado a su hija, su hermano Absalón tomó cartas en el asunto. Dos años después del suceso, él tramó la muerte de Amnón. No mucho tiempo después, conspiró para obtener el trono.

¿Has estado alguna vez en la situación de Tamar, metiéndote inocentemente en problemas, los cuales te explotaron en la cara causando un gran daño? Como cristianas, debemos vivir de modo inocente, pero no esperar que personas malvadas hagan lo mismo. Al guardarnos contra el pecado, también necesitamos guardarnos contra los pecadores.

TRIFENA

Saluden a Trifena y a Trifosa,
las cuales se esfuerzan trabajando por el Señor.
ROMANOS 16:12

Hay muchas Trifena y Trifosa en la iglesia en la actualidad: mujeres que trabajan duro para difundir el evangelio, ocuparse de quienes sufren, y ayudar a otros a crecer en Cristo. Pablo no denigró ni ignoró a las mujeres que apoyaban su ministerio en todo lugar. Él sabía que no podía trabajar eficazmente sin ellas, y recordó a algunas de ellas en los saludos de sus epístolas. Quién sabe qué grandes cosas surgieron de sus ministerios diarios, un trabajo que puede haber parecido poco importante en el momento.

¿Hay una Trifena en tu iglesia? Ayúdala y aliéntala. Aprende de su disposición a servir y pasa tiempo con ella, para así poder absorber algunas de las cosas que la han hecho ser una cristiana exitosa.

La Escritura no nos da más que el nombre de Trifena y el elogio del apóstol; pero en este versículo vemos lo importante que es nuestro servicio a Dios, incluso para el líder más importante. Esta "mujer sin importancia" recibió una recompensa en la tierra y otras aun mayores en el cielo, al igual que las fieles mujeres de la actualidad serán aprobadas por Jesús en la eternidad.

VASTI

Al séptimo día, como a causa del vino el rey Asuero
estaba muy alegre, les ordenó a los
siete eunucos que le servían...
que llevaran a su presencia a la reina, ceñida
con la corona real, a fin de exhibir su belleza ante
los pueblos y sus dignatarios, pues
realmente era muy hermosa.
Pero cuando los eunucos le comunicaron la orden del rey,
la reina se negó a ir. Esto contrarió
mucho al rey, y se enfureció.
ESTER 1:10-12

Cualquier mujer modesta puede entender por qué la reina Vasti prefirió no aparecer delante del rey y sus cortesanos: ellos acababan de disfrutar de una fiesta de siete días bebiendo. Pero negarse al deseo del rey era un acto peligroso, pues hizo parecer que Asuero no tenía control sobre su propia esposa, y menos sobre su propio país. En lugar de presumir de su hermosa reina, el rey se sintió pequeño. Y a los reyes de grandes imperios no les gusta sentirse pequeños, especialmente cuando son sus esposas quienes generan ese sentimiento.

Los consejeros de Asuero fueron inmediatamente convocados. Después de una rápida reunión, dieron su paranoide opinión: todas las mujeres del reino, siguiendo el ejemplo de la reina, pronto se negarían a obedecer a sus esposos. ¡Había que detener eso de inmediato! Vasti debería ser despojada de su rango y nunca más recibir permiso para ver al rey.

Quizá esa opinión reflejase sus propias relaciones con sus esposas más que la verdad. O quizá, como invitados de la fiesta, ellos se hubieran estado divirtiendo demasiado y no estuvieran en su mejor momento de lucidez. Pero el rey aceptó el consejo de ellos, y Vasti dejó de ser reina.

La Biblia no nos dice exactamente por qué Vasti dio ese peligroso paso. Quizá ella no quisiera ser mostrada como un objeto en la fiesta, o quizá tuviera otro motivo para no presentarse. Cualquiera que fuese la causa, ese acto la expulsó del trono y de los libros de Historia, al menos durante un tiempo.

Debido a la postura de Vasti, Ester se convirtió en reina; y la hermosa joven judía estuvo en posición de salvar a su pueblo cuando Amán quiso aniquilarlo. Dios usó la desobediencia de Vasti para proteger a su propio pueblo, que estaba esclavizado por este poderoso gobernador.

De manera irónica, Vasti no quedó fuera por completo

de la Historia. Cuando su hijo Artajerjes llegó a ser rey, ella de nuevo obtuvo el poder como reina madre.

El poder de Dios obró hasta en la vida de esta reina pagana. Ella perdió su trono, y Ester salvó a su pueblo. Pero, al final, también se hizo justicia a Vasti.

Dios tiene el control de toda nuestra vida, aun cuando eso parezca improbable. Cuando nos enfrentamos a situaciones sin esperanza, cuando parece que somos castigadas por nuestra fe, y cuando sufrimos sin razón aparente, Dios no nos ha abandonado. Puede que no veamos su propósito o su justicia hasta el final, pero podemos estar seguras de que Él prevalecerá, como lo hizo tanto para Ester como para Vasti.

LA VIUDA DE SAREPTA

Entonces la palabra del Señor vino a él [Elías]
y le dio este mensaje: «Ve ahora a Sarepta de Sidón,
y permanece allí. A una viuda de ese lugar
le he ordenado darte de comer».
1 REYES 17:8-9

Cuando el profeta Elías profetizó una hambruna sobre Israel, no quiso decir que la falta de alimento afectaría sólo al malvado rey Acab. Incluso el profeta no tenía mucho para comer, así que Dios lo alimentaba enviándole cuervos con comida. (Aunque fue eficaz, no parece el método de entrega más apetitoso.)

Pero cuando la fuente de agua del profeta se secó, Dios dirigió a Elías a Sarepta, una ciudad gentil. Era el hogar de los enemigos de Israel, y el de una mujer pobre que estaba preparando una última comida para ella y su hijo.

La viuda no tenía un almacén secreto de alimentos y agua, tan sólo una gran necesidad. Y al principio ella debió de haber dudado de la sabiduría de compartir lo poco que tenía. Pero su pequeño sacrifico produjo un gran beneficio. De modo sorprendente, su único medio de sostén —una vasija casi vacía de harina y un poco de aceite con el que hornear— no desapareció hasta que Dios volvió a enviar lluvias.

Más adelante, el hijo de la mujer enfermó y murió. Emocionalmente herida, esta madre reaccionó contra el hombre que ella consideraba que causó el problema. La mujer le dijo a Elías: "¿Por qué te entrometes, hombre de Dios? ¡Viniste a recordarme mi pecado y a matar a mi hijo!" (1 Reyes 17:18)

Elías tomó al muchacho, lo tumbó sobre su cama, y clamó apasionadamente a Dios para que le devolviera la vida. Dios respondió, y el muchacho vivió. La madre respondió con fe en Elías como el hombre de Dios y en la verdad de su mensaje.

Dios podría haber continuado con la anterior organización de Elías, con el profeta acampado en un barranco, siendo alimentado por cuervos. Dios hasta podría haber proporcionado una nueva fuente de agua cuando la primera se secó. En cambió, Él envió a su profeta a una mujer pobre de una nación enemiga, quien no parecía probable que pudiese ser de ninguna ayuda. Desde luego, la ayuda que ella proporcionó realmente provino de Dios, no de ella; pero Dios, en su misericordia, permitió que esta mujer de ninguna estatura se convirtiera en parte de su plan de salvación.

Dios se acercó a una mujer que no tenía nada que ofrecer y la utilizó para lograr mucho. Él ama a los débiles y quiere atraerlos a Él mismo. Los fuertes y los poderosos pueden fácilmente resistir su Palabra, pero los débiles y quienes no tienen estatura buscan esa última comida que trae salvación. No menospreciemos a esas personas espiritualmente pobres.

LA VIUDA QUE DIO DOS MONEDAS

Jesús se detuvo a observar y vio a los ricos
que echaban sus ofrendas en las alcancías del templo.
También vio a una viuda pobre
que echaba dos moneditas
de cobre. —Les aseguro —dijo— que esta viuda pobre
ha echado más que todos los demás. Todos ellos dieron
sus ofrendas de lo que les sobraba; pero ella,
de su pobreza, echó todo lo que tenía para su sustento.
LUCAS 21:1-4

En unas pocas palabras obtenemos un cuadro de dos tipos de personas: los dadores ricos y quizá de algún modo generosos que podían echar bolsas de dinero en las alcancías del templo, y una mujer que dio mucho más.

Jesús acababa de advertir a sus discípulos del amor que los líderes religiosos tenían por los lugares de honor y los beneficios que obtenían de las viudas indefensas. En ese momento, una mujer generosa entró en las alcancías y dio su diminuta ofrenda. ¿Cómo podían compararse sus monedas casi sin valor con las ofrendas más grandes? Mientras que los ricos daban del dinero que les sobraba, ella había depositado todo lo que tenía en el "banco de Dios".

Qué sacrificio debió de haber sido. ¿Puedes imaginarla pensando de antemano: *Necesito dar algo, pero esto es todo lo que tengo. ¿Cómo tendré suficiente comida? ¿Y si tengo una crisis?* Cualquiera que pudieran haber sido sus preocupaciones, la mujer puso toda su confianza en Dios y las monedas en la alcancía del templo. Quizá dio las dos monedas, en lugar de una, porque una única moneda ni siquiera le habría permitido comprar un pan.

¿Podemos tener alguna duda de que Dios la bendijo abundantemente por esta ofrenda increíblemente generosa?

Esta humilde mujer nos da un doloroso ejemplo. Si nos miramos con sinceridad a nosotras mismas, probablemente tengamos que admitir que somos más como los hombres ricos que llevaban sus ofrendas que como la mujer que dio todo lo que tenía como sustento. Puede que planifiquemos nuestras ofrendas, integrándolas en nuestros presupuestos, pero ella dio todo su presupuesto. Ella dio el cien por ciento, mientras que muchos cristianos fieles en la actualidad se encogen al dar una pequeña parte de sus ingresos.

No podemos darle demasiado a Dios. Él no está demandando de nosotros que quedemos en la pobreza, sino que nos llama a entregar nuestro todo —espiritualmente y físicamente— al cuidado de Él. Quien es dueño del ganado que hay en mil montañas nunca nos fallará, si solamente confiamos en Él.

LA ADIVINA DE ENDOR

Por eso Saúl les ordenó a sus oficiales:
—Búsquenme a una adivina, para que yo
vaya a consultarla.
—Pues hay una en Endor —le respondieron.

1 SAMUEL 28:7

Saúl no fue el primer político hipócrita, y seguramente tampoco fue el último. Y la adivina de Endor no fue la primera mujer que sabía que se estaba ganando la vida ilegalmente. Ellos eran un buen par de personas tramposas.

Cuando los filisteos se reunieron para atacar a Israel, Saúl preguntó a Dios sobre su situación, pero el cielo parecía haberse cerrado para él. No llegó ninguna respuesta, a pesar de lo mucho que Saúl lo intentara. Desesperado de temor, Saúl tomó él mismo cartas en el asunto.

Aunque él había expulsado de Israel a los espiritistas y los adivinos, Saúl preguntó a sus sirvientes dónde encontrar uno. Ellos lo sabían; y tenemos que preguntarnos cómo, si es que eran judíos fieles. Cualquiera que fuese el caso, cuando Saúl supo dónde estaba ella, fue a visitarla para pedirle que llamase a Samuel.

O la adivina no era tan inteligente o su espíritu estaba dormido en el trabajo, porque hasta que no vio a Samuel, ella no reconoció a Saúl y su engaño. Pero el rey le ordenó que siguiera.

—Veo a un espíritu subiendo de la tierra —dijo la adivina.

—¿A qué se parece? —preguntó Saúl

—Viene un anciano vistiendo un manto —respondió ella (ver 1 Samuel 28:13-14).

Después de esa descripción increíblemente definida, Saúl quedó convencido de que era Samuel.

A lo largo de su vida, Saúl no había escuchado mucho a Samuel; pero, de repente, era todo oídos. Tras explicar su situación, Saúl esperó el consejo del profeta.

La respuesta no habría podido ser peor. Samuel afirmó que el Señor se había convertido en enemigo de Saúl y estaba manteniendo la promesa de arrebatar el reino de manos de Saúl. Los filisteos ganarían la inminente batalla, y Saúl y sus hijos morirían.

Devastado por esa noticia —información que Dios misericordiosamente había ocultado de él—, Saúl fue abrumado de temor hasta el punto de debilitarse físicamente. La adivina trató de hacer que comiese y siguiese su camino, pero se necesitó mucha coacción para que él estuviese de acuerdo en comer y marcharse. Desmoralizado, Saúl perdió la batalla y su vida, tal como se predijo.

Los eruditos difieren en su interpretación de esta historia. ¿Era la imagen evocada por la adivina de Endor realmente Samuel? Quizá no. El padre de mentira pudo haber engañado al rey. Las horribles noticias que dio la aparición ciertamente habrían agradado a Satanás. O quizá Dios permitió que el profeta diese su última y condenatoria profecía.

Leyendo las Escrituras, vemos que la Palabra de Dios prohíbe todo tipo de adivinación (ver Deuteronomio 18:9-12). Si Dios no estaba molesto con Saúl antes de que él visitara a una adivina, ciertamente estaban mal después de la cita. Una verdadera confianza en Dios y los ocultos intentos de echar un vistazo al futuro no son buenos compañeros.

A algunas personas les gusta jueguetear con el ocultismo —o al menos hacer la vista gorda con ello—, ignorando los peligros de los que Dios nos advierte. Esta adivina no llevaba un sombrero negro y puntiagudo ni tenía arañas como mascotas; ella era más peligrosa que ningún disfraz de Halloween. Lo que hizo desmoralizó totalmente al rey y probablemente contribuyó a su caída.

Cuando Dios no nos dice algo, tiene una razón para ello. No busques conocimiento oculto; simplemente confía en Él.

LA MUJER ACUSADA DE ADULTERIO

Los maestros de la ley y los fariseos llevaron entonces
a una mujer sorprendida en adulterio, y poniéndola
en medio del grupo le dijeron a Jesús:
—Maestro, a esta mujer se le ha sorprendido
en el acto mismo de adulterio.

JUAN 8:3-4

Después de ser arrebatada en medio de un acto de adulterio, esta mujer fue obligada a estar delante de Jesús, ridiculizada delante de sus acusadores y del resto de quienes la miraban boquiabiertos. ¡Qué doloroso debió de haber sido ese momento! Temor, duda, culpabilidad, y odio por sus acusadores debían de inundar su dolorida alma.

Pero en cuanto respecta a los líderes condenadores, el punto de este acontecimiento no era llevarla a ella ante la justicia. Ellos querían acorralar a Jesús. Si Él les decía que la apedrearan, como ordenaba la Ley de Moisés, podría ser procesado por desafiar la ley romana. Si Él decía que la dejaran libre, desafiaría la Ley de Dios. Ellos pensaban que lo habían atrapado perfectamente.

Pero estaban equivocados.

Uno de los primeros indicios de que aquellos hombres no estaban interesados en la justicia fue que el hombre con quien la mujer cometió adulterio no apareció delante de Jesús. Según la ley, ambos ofensores debían ser apedreados. Sin embargo, sólo la mujer estaba delante de Jesús para ser juzgada. ¿Quién era el hombre, y dónde se había ido?

Jesús, bien consciente de la astucia de sus enemigos, respondió perfectamente. Él comenzó a escribir en la tierra, mientras ellos le lanzaban preguntas. Estirándose, Él dijo: "Aquel de ustedes que esté libre de pecado, que tire la primera piedra" (Juan 8:7). Entonces se inclinó otra vez para seguir escribiendo.

Conscientes de sus propias imperfecciones, los más ancianos comenzaron a irse; después los más jóvenes perdieron su valentía y les siguieron, hasta que no quedó ningún hombre delante de la mujer adúltera.

—Mujer, ¿dónde están? —preguntó Jesús— ¿Ya nadie te condena?

—Nadie, Señor —respondió ella.

—Tampoco yo te condeno —afirmó Jesús—. Ahora vete, y abandona tu vida de pecado (ver Juan 8:10-11).

¡El alma de esta mujer debió de haberse llenado de alivio! No sólo habían desaparecido sus acusadores, sino que también Jesús le había perdonado, y había dado nueva dirección a su vida. Quizá en ese mismo momento, la salvación se derramó en su espíritu. Si ella era sabia, nunca más volvió a cometer ese error y comenzaría a vivir para su Señor.

Hemos estado en el lugar de esta mujer, ¿no es cierto? Cuando hemos hecho algo mal, nos hemos preocupado por si otros pudieran descubrirlo. Quizá nuestros pecados no fuesen "de los grandes" como el adulterio, pero hemos sentido el temor de la opinión pública contra nosotras, aun cuando nadie sabía lo que hicimos. En nuestro interior, nos hemos preguntado si la vida podría volver a ser la misma si nuestro error saliera a la luz.

O quizá ha habido otros que nos han acusado públicamente, y los hemos odiado por su veneno cuando anunciaron nuestros pecados a uno y a todos. Cualquiera que haya sido el caso, todas hemos experimentado dolorosas ofensas y hemos deseado tener un camino de salida.

Jesús es esa salida. Él no nos dice que nunca pecamos; Él no nos excusa, pero toma el mal sobre Él mismo, paga el precio por él, y nos manda que vivamos para Él. Y en su poder, podemos hacer eso, aunque no sea perfectamente. Diariamente acudimos a Él para recibir perdón, y diariamente lo recibimos.

Al igual que la mujer descubierta en el acto mismo de adulterio.

LA MUJER DEL POZO

Sus discípulos habían ido al pueblo a comprar comida.
En eso llegó a sacar agua una mujer
de Samaria, y Jesús le dijo:
—Dame un poco de agua.
Pero como los judíos no usan nada en común
con los samaritanos, la mujer le respondió:
—¿Cómo se te ocurre pedirme agua, si
tú eres judío y yo soy samaritana?

JUAN 4:7-9

Cuando esta mujer caminó hasta el pozo, no podía imaginar las barreras que estaban a punto de caer. La división entre su pueblo y el pueblo de Jesús era sólo el primero de los muros que estaba a punto de desintegrarse.

Ella era miembro de un pueblo que había sido reasentado en la tierra, trasladado allí por el rey de Asiria después de que conquistase Samaria en el año 722 a.C. Se les había enseñado la fe de Israel, y ellos la habían aceptado parcialmente, pero retenían también sus viejas religiones paganas (ver 2 Reyes 17:24-41). Tal sincretismo era aborrecible para los fieles judíos, y por eso evitaban a aquellos samaritanos, a quienes consideraban impuros.

Viajando de Judea a Galilea, Jesús y sus seguidores tenían que pasar por Samaria, a menos que quisieran tomar un largo rodeo. Escogieron el camino más corto, y Jesús se sentó al lado de un pozo samaritano mientras sus discípulos fueron a comprar comida.

Cuando la mujer se acercó al pozo, Jesús le pidió de beber. Ella respondió con sorpresa y burla, acostumbrada a la idea de que ningún judío aceptaría agua de ella; cualquier judío fiel se habría considerado ceremonialmente impuro si tocaba una taza que ella le hubiera dado.

Parece que esta era una mujer que había pensado en las cosas espirituales, aunque no las entendiera correctamente. Por tanto, Jesús la condujo a una conversación más profunda, mencionando el "agua viva" que Él podía darle.

Al principio ella lo tomó literalmente, pensando que Él se refería al agua del pozo, y mofándose de Él por ofrecerle agua que Él no podía sacar. ¿Acaso pensaba Él que era mayor que Jacob, de quien era ese pozo? Cristo persistió, diciéndole claramente que Él hablaba de la vida eterna; pero ella seguía sin agarrar ese punto. Su interés seguía en la historia religiosa samaritana, no realmente en una fe vital.

Pero intrigada por la idea de irse con su pesado cántaro de agua, ella pidió el agua de Jesús. Ya que el agua de que Él hablaba era la vida eterna, Él confrontó los numerosos pecados de ella. En oposición a la ley judía, esta mujer había tenido cinco esposos, y no se había casado con el sexto hombre con el que entonces vivía. Aun en la cultura libertina actual, ella habría provocado algunos gestos entre quienes conocieran su historial sexual.

Quizá en un esfuerzo por evitar la incómoda verdad de Jesús, la mujer hizo girar la conversación hacia la capacidad de Él de saber cosas que ella nunca le había dicho; y entonces comenzó otro tema sobre el lugar adecuado donde adorar. Jesús respondió su pregunta, señalándole hacia la naturaleza espiritual de la verdadera adoración, y se declaró a Él mismo el Mesías. En algún punto, todas las barreras de la religión y la nacionalidad cayeron, y ella creyó en Jesús.

Cuando regresaron los discípulos, la mujer aprovechó su oportunidad para decirles a todos sus vecinos, aun a los que criticaban su inmoralidad: "Me dijo todo lo que he hecho" (Juan 4:39); ese era su testimonio. Los samaritanos invitaron a Jesús a quedarse un par de días, y en ese periodo muchos se convirtieron.

Cuando leemos esta historia, ¿cómo nos vemos a nosotras misma? ¿Somos la mujer herida en el pozo, con un largo historial de pecado a nuestras espaldas? Si es así, podemos tomar aliento en el perdón del Salvador, quien confronta nuestros pecados, nos llama a Él mismo, y nos perdona.

¿O somos quien testifica a los perdidos? Al igual que Jesús, hemos oído muchas objeciones y necesitamos evitar desvíos poco importantes y llegar enseguida al verdadero mensaje. Pocas de las personas a las que hablamos aceptarán de buena gana nuestro testimonio. Como Jesús, necesitamos tratar con paciencia y amor los temas importantes y hacer girar los pensamientos de cada persona hacia la verdadera fe.

De cualquier modo, cuando los muros caigan, adoraremos a Dios "en espíritu y en verdad" (Juan 4:24).

LA MUJER DE TECOA

Cuando aquella mujer de Tecoa se presentó ante el rey,
le hizo una reverencia y se postró rostro en tierra.
—¡Ayúdeme, Su Majestad! —exclamó.

2 SAMUEL 14:4

Si estuviéramos dando un premio por actuar a las mujeres de
la Biblia, tendría que ser para la mujer de Tecoa. Con sus capacidades de dramatizar, ella trató de llevar paz a una nación.

El rey David había desterrado a su hijo rebelde, Absalón,
pero el corazón de este padre seguía doliéndose por su hijo
errante. Por tanto, Joab, sobrino de David y comandante de
su ejército, le dijo a la mujer de Tecoa que acudiese al rey. Ella
pidió ayuda al rey y, siguiendo el guión de Joab, describió una
situación familiar muy parecida a la que había entre los hijos
de David Amnón y Absalón: un hijo había matado al otro,
dijo ella, y su clan demandaba que el asesino fuese ejecutado.
El rey prometió intervenir.

Entonces ella confrontó a David con su propia situación
familiar, pues él no había hecho regresar a Absalón del exilio.
"Pero Dios no nos arrebata la vida, sino que provee los medios
para que el desterrado no siga separado de él para siempre" (2
Samuel 14:14), razonó ella, llamando al rey a hacer lo mismo.

Inmediatamente, David reconoció la mano de Joab en
esa situación, y la mujer lo admitió. El rey proclamó el regreso de Absalón, pero no vio a su hijo por dos años.

Esta mujer sin nombre quería llevar paz a su nación.

Aunque la paz que ella buscaba no llegaría hasta mucho después —y no duró mucho—, eso no era culpa de ella, porque Absalón se rebeló neciamente contra su padre.

También nosotras a veces necesitamos buscar paz en nuestras propias familias y comunidades. ¿Estamos dispuestas a trabajar con otros para ayudarles a entender la necesidad de perdón? ¿Podemos amablemente ayudarles a ver cómo sus propias elecciones erróneas han conducido a situaciones dolorosas, y darles esperanza para que haya un cambio? Si es así, nos hemos convertido en pacificadoras, y Dios nos bendecirá.

LA MUJER QUE UNGIÓ LOS PIES DE JESÚS

Luego se volvió hacia la mujer y le dijo a Simón:
—¿Ves a esta mujer? Cuando entré en tu casa, no me diste
agua para los pies, pero ella me ha bañado los pies
en lágrimas y me los ha secado con sus cabellos.
Tú no me besaste, pero ella, desde que entré,
no ha dejado de besarme los pies. Tú no me ungiste
la cabeza con aceite, pero ella me
ungió los pies con perfume.
LUCAS 7:44-46

La escena es una fiesta en casa de Simón el fariseo. Todas las personas apropiadas debieron de haber estado allí: amigos y conocidos que se enorgullecían de su santa manera de vivir, y quizá hasta unos pocos hombres de fe realmente importantes. Pero un huésped no invitado se abrió camino hasta allí, llevando un frasco de perfume. Se acercó hasta Jesús y, con el llanto del arrepentimiento, comenzó a ungir sus pies, primero con sus lágrimas, y después con el perfume.

Simón, que pensaba que Jesús era solamente un profeta, inmediatamente comenzó a cuestionar sus afirmaciones. Después de todo, si Jesús tuviera la sabiduría de Dios, ¿no podría saber lo que todos en Galilea ya sabían: que esa mujer era una terrible pecadora? Pero antes de que el fariseo pudiera hablar, Jesús confrontó sus pensamientos relatando una historia de dos hombres. Ambos tenía una deuda con un prestamista; uno debía quinientos denarios, el salario de unos quinientos días, mientras que el otro debía solamente cincuenta. Jesús preguntó: ¿Cuál de los dos le amaría más cuando el prestamista les perdonó la deuda?

El hombre religioso, un estudiante capaz aunque dudoso del punto que Jesús estaba estableciendo, respondió enseguida que suponía que sería el que tenía una mayor deuda.

Jesús hizo girar la atención de Simón hacia la mujer pecadora. Con amor reprendió a Simón por no haber proporcionado las costumbres de hospitalidad a un huésped: agua para limpiar sus polvorientos pies. Pero ese fallo había abierto el camino para esa pecadora arrepentida, quien lavó los pies de Jesús con sus lágrimas y los ungió con el perfume. Y ella no se había detenido con esas señales de amor, sino que también besó sus pies. Debido a que le habían sido perdonados muchos pecados, Jesús le dijo al orgulloso religioso, ella amaba mucho. La clara implicación era que, ya que los pecados de Simón eran tan pocos (al menos eso pensaba él), él amaba poco.

Volviéndose a la mujer, Jesús dijo: "Tus pecados quedan perdonados" (Lucas 7:48), causando inmediatos susurros entre los honorables huéspedes. ¿Quién era ese hombre que afirmaba perdonar pecados? Ellos sabían que sólo Dios podía hacer eso; y se preguntaban qué estaba Jesús reclamando para sí mismo.

Para completar la lección, Jesús le dijo a la mujer: "Tu fe te ha salvado; vete en paz" (Lucas 7:50).

La Escritura no dice concretamente qué pecados cometió esta mujer. Pero muchos eruditos han llegado a la conclusión de que ella era prostituta. ¡Qué final produjo ella para una fiesta muy correcta! Los invitados probablemente hablasen de ello durante días, si no semanas, y se preguntarían sobre Jesús, el hombre que la perdonó.

Para Jesús, estaba claro: no es cuánta cantidad de fe puedas aportar a una relación con Él, es cuánto perdón recibes cuando pones tus pecados a sus pies.

Lo que fue cierto para esta mujer pecadora es también cierto para nosotras. ¿Estamos nosotras, como Simón, sentadas orgullosamente sobre nuestra fe, pensando en que nuestras buenas obras conducen a la salvación? Si es así, ¡cuidado! Nuestras buenas obras son como trapos de inmundicia para nuestro perfecto Señor (ver Isaías 64:6). Nunca nos llevarán al cielo.

Pero si, como esta mujer, acudimos a Jesús conscientes de lo horroroso de nuestros pecados, pidiéndole que nos perdone, nuestras vidas son hechas nuevas de una manera que Simón, el orgulloso fariseo, puede que nunca haya conocido.

¿Quién somos nosotras en esta historia? ¿Simón y sus invitados? ¿O la mujer perdonada?

LA MUJER QUE TOCÓ EL MANTO DE JESÚS

Jesús se puso en camino y las multitudes lo apretujaban.
Había entre la gente una mujer que
hacía doce años padecía
de hemorragias, sin que nadie pudiera sanarla.
Ella se le acercó por detrás y le tocó el borde del manto,
y al instante cesó su hemorragia.
Lucas 8:42-44

Muchas mujeres debieron de haber tocado, rozado, o haber tenido contacto de alguna otra manera con las ropas de Jesús. Pero la Escritura registra solamente una que fue sanada por ese toque. ¿La diferencia? La fe de ella le decía que sólo un toque conduciría a su sanidad; y así sucedió.

Por doce años esta mujer había sufrido hemorragias de algún tipo; no sabemos más de su estado médico, pero eso es suficiente. La necesidad emocional y física había hecho estragos en ella. No sólo su cuerpo había soportado desgracia, sino que debido a que había sido "impura" según la Ley, también había sido una desterrada espiritualmente. No podía acercarse al templo, a pesar de lo profunda que fuese su fe. Y otros judíos se habrían mantenido a distancia, para evitar contaminarse. Su vida debió de haber sido una vida solitaria. Marcos 5:26 nos dice que había acudido a muchos doctores, gastando todo su dinero en busca de sanidad.

En un último esfuerzo, se acercó a Jesús. Ella había oído de la capacidad que Él tenía para sanar. Pero esta vez era diferente a sus visitas a los doctores. Ella no tenía nada que ofrecerle sino su ser impuro y empobrecido. Ningún dinero, ninguna importancia, ninguna esperanza.

Jesús iba de camino para sanar a otra persona, la hija de un líder de la sinagoga, cuando la mujer tocó sus ropas. Pobre, humilde y enferma, quizá ella pensaba que no merecía ni siquiera un momento del tiempo del Salvador. O quizá esperaba un alboroto contra su estado, pues los judíos fieles hacían todo lo posible por evitar el contacto con los impuros.

Cuando sus dedos tocaron brevemente el manto, su cuerpo respondió al poder de Jesús. De repente, la hemorragia cesó.

Justamente entonces, Jesús se volvió, preguntando: "¿Quién me ha tocado?" (Marcos 5:31). Aunque sus discípulos dudaron de sus palabras, señalando que Él estaba rodeado por una multitud, Jesús insistió en que alguien le había tocado con propósito. Desde luego, en su divinidad, Él debió de haber sabido qué persona había sostenido su manto entre sus dedos; pero quería que ella acudiera con su testimonio.

Temerosa, quizá pensando que Él la criticaría por haberse aprovechado erróneamente de Él, la mujer cayó a los pies de Jesús; pero el Señor no reaccionó con desagrado ni trató de mantenerla a distancia. Para Él, ella era tan importante como la hija del líder de la sinagoga, y debido a su necesidad y su fe, ella merecía su tiempo y su atención.

Entonces, delante de toda la multitud, la mujer que había esperado pasar desapercibida declaró la verdad de su sanidad.

Jesús respondió suavemente: "¡Hija, tu fe te ha sanado! Vete en paz" (Marcos 5:34).

¡Qué emoción! Lo que todos los doctores no pudieron lograr, un toque del manto de Jesús lo había hecho. La fe brotó como una fuente en el corazón de ella a la vez que se regocijaba en su sanidad.

Como esta mujer, cada una de nosotras necesita el poderoso toque de Jesús. Puede que sea una enfermedad física, o puede que sea espiritual. Como la mujer, necesitamos desesperadamente sanidad. Acudimos a Jesús pobres y sin esperanza, buscándole a Él como la única posibilidad para obtener sanidad.

¿Qué necesitas llevar a Jesús? Acércate a Él con tu necesidad en ambas manos, y le encontrarás justamente a tu lado.

ZILPÁ

Además, como Lea tenía una criada que se llamaba Zilpá,
Labán se la dio, para que la atendiera.
GÉNESIS 29:24

Al casarse, Labán dio a su hija mayor, Lea, una criada para ella. Quizá Zilpá esperase este nuevo lugar que le proporcionaría mayor importancia.

Pero en lugar de felicidad, una gran cantidad de tristeza se dirigía hacia ella. Jacob, el esposo de Lea, no había querido casarse con Lea; así que terminó casándose también con la hermana de Lea, Raquel. Las hermanas pronto comenzaron una batalla de bebés para ver quién podía darle más hijos a Jacob. Cuando Lea pensó que sus días de crianza habían terminado, entregó a Zilpá a su esposo como concubina.

¿Cómo se sintió Zilpá al respecto? No lo sabemos. Pero lo que sí sabemos es que ella se sintió bendecida al tener su primer hijo, llamándolo *Gad* (que significa "buena fortuna" o "una tropa"). Parece que su perspectiva era positiva, aunque la vida no fuese perfecta.

Zilpá obviamente se deleitaba en sus hijos, ya que puso por nombre a su segundo hijo *Aser*, que significa "feliz". Pero las relaciones matrimoniales en el campamento causaron una buena cantidad de tristeza y también contención.

Y cuando Jacob regresó a su tierra natal, no fue a su querida Raquel a quien puso delante de su caravana, en el camino del peligro. Fue a Zilpá y a la criada de Raquel, Bilhá, que también era concubina de Jacob. Estas mujeres no eran amadas por ellas mismas; Jacob amaba a Raquel. Las otras tres eran deseadas principalmente por los hijos que tuvieron, quienes comenzarían las doce tribus de Israel.

Al igual que Zilpá, ninguna de nosotras tiene una vida perfecta. ¿Pero nos enfocamos en lo que es menos que perfecto o damos gracias a Dios por las muchas bendiciones que Él envía a nuestro camino? Podemos escoger vivir en el gozo de Dios o con quejas. ¿Cuál de las dos opciones nos hará más felices?

SÉFORA

Moisés convino en quedarse a vivir
en casa de aquel hombre,
quien le dio por esposa a su hija Séfora.
ÉXODO 2:21

Uno pensaría que un fuerte líder como Moisés se habría casado con una mujer fuerte en la fe, ¿no es cierto? Bien, pues
estarías equivocada.

Moisés se casó con Séfora, la hija de un sacerdote madianita llamado Reuel (o Jetro). La Biblia nunca nos dice a
qué dioses adoraba ella, pero tampoco la muestra como una
creyente. De hecho, su único acto registrado en la Escritura
es la circuncisión de uno de sus hijos. Este pasaje de alguna
manera oscuro dice que Dios, enojado por la desobediencia
de Moisés, estaba listo para matarlo. Séfora llegó a la conclusión de que se debía a que Moisés no había circuncidado
a uno de sus hijos, y tristemente hizo el trabajo ella misma.

Un desacuerdo familiar sobre el tema —la tradición madianita decía que el rito se realizaba cuando el niño era más
mayor— probablemente causara el fallo de Moisés. Ciertamente, la actitud de su esposa después de la circuncisión no
fue agradable; por tanto, puede que el asunto fuese tema de
contención por algún tiempo.

Séfora se menciona por última vez, brevemente, en Éxodo
18:2, cuando Jetro la devuelve a ella y a sus hijos a Moisés.

Los eruditos creen que Moisés puede que dejase a su familia al cuidado de Jetro mientras él hacía el peligroso viaje a Egipto.

Séfora hizo la voluntad de Dios solamente cuando la vida de su esposo estaba amenazada; a la hora de la verdad, por así decirlo. ¿Hacemos nosotras lo mismo? ¿Esperaremos hasta que nos enfrentemos a graves problemas antes de obedecer, u obedeceremos regularmente a nuestro Señor?

Si has leído este libro completo, ya sabes cuál debería ser la respuesta. ¡Vive la aventura de la fe!